I0110684

www.ingramcontent.com/pod-product-compliance
Lightning Source LLC
Chambersburg PA
CBHW030934090426
42737CB00007B/420

* 9 7 8 1 9 6 1 4 2 0 4 1 0 *

في القطار السريع إلى لا أدري

د. سلمى جميل حداد

عدد الصفحات: 172

الطبعة الأولى: 2025

الناشر: الخيّاط

ISBN: 978-1-96142-041-0

First published in 2025

KHAYAT
Publishing

Washington, DC
United States
+1 7712221001
info@khayatpublishing.com
www.khayapublishing.com

سلمى جميل حداد

في القطار السريع إلى لا أدري

شعر

في القطار السريع إلى لا أدري

بـردٌ..

لا شيء غيره يجدل عواءه على السكّة الجليدية

الثلج إلى جانبيّ القطار صامت لا يتفوه

المقصورة الثانية

الطابق السفلي

المقعد العاشر تحت الصفر

وهذا أنا أتجعّد بالصقيع

دمي قليل في جسدي

وقدماي مطفأتان

خذني إلى كوب شاي

يرتدي بالدفء شفتيّ الباردتين

رحتُ أمدُّ راحتيّ الحافيتين

لكنهما لم تتحركا.. ظلّتا قربي

ضيّفتهما بَردي وبعض جليدي

كان عمري يومها

معطفاً صوفيّاً ووشاحاً شاحباً

وقبعة رمادية وانتظاراً.

******

التذكرة سيدتي!

طويتُ جسدي إلى الأمام وناولته قصيدة،

التذكرة سيدتي! كرر بامتعاض

يا سيدي! تجد فيها نقطي وفواصلي

حركاتي وسكوني

ما كان من أخواتي

وما تبقّى منهم ومن خطو التراب على الحذاء

ما هذا الهراء! ما كل هذا الهراء!

******

فتحتُ ببطء مرآتي المطوية

أين ذهب حاجباي الكثيفان؟

أذكر جيداً أني حملتهما معي

من محطة غار دو ليست في باريس..

تباً! مرآتي تُحدّث بيانات وجهي دون إذن مني،

كنتُ جمرةً فتيّة وكان وقتي كثيراً

ودمي في عروقي أنقى وأغزر..

أرمي إلى الريح محبرةً تصبح قصيدة

أهدل في أذن حمامةٍ تغدو بستاناً

أفكّ أزرار قميص المتوسط يغمرني الأزرقْ..

كان عمري يومها أريدكَ أن تراني

وأن أحدّق في بحر عينيكَ

وأغرقْ ثم أغرقْ ثم أغرقْ.

******

خارطةُ كفيّ تحمل رائحةً تشبه الوصول

ضع وشاحَك حول كتفيّ الباردتين

وانتظرني عند زينة الميلاد في وسط المدينة

أوقَعني الثلجُ هناك من رصيفٍ إلى رصيف

فاخضرّت كدماتُ ساقيّ

«سيدتي! هل أنت بخير؟»، هرع إلي أحد المارّة

نعم نعم أنا بخير..

لقد تعطّرتُ برطوبة الأرض

وأنجبتُ من الجليد سنبلة.

******

قد برا ركبتيّ السيرُ إليكَ

حتى إذا أقبلتَ

رُحتُ أشيخ نحوكَ كهامات الثلج

كمنفى لا حضن يؤوي ساعديه الممدودتين

أحملقُ في حضوركَ الافتراضي

عيناي مغروستان في عينيكَ

قد هدّلتْ وجنتيكَ السنون

وكتبتْ على صفحات وجهك الحكايا

أيها الفارس النبيل
لمَ قصصتَ شعركَ في الشتاء الطويل؟

******

قدماي تمتلئان بأرصفة المدينة
والقطار لم يصل إليها بعد
ضللتُ الطريق إلى مقعدي وأنا أجلس عليه،
التذكرة سيدتي!
كيف وجدتني هنا يا هذا
وأنا أرتدي الضمائر المستترة
وأتزين بأدوات الغيابْ
وحروفٍ بلا نقاط ولا ثيابْ؟
التذكرة سيدتي! كرر بنزق،
كانت السماء مزدحمة بدعواتي
انشقي أيتها الأرض وابتلعيني
ريثما تخلو الشوارع من النحيب.

******

ظلّي يجلس إلى جواري

يراقب بفضولٍ عاشقين يستدفئان بالقُبل

وقعتْ على الأرض قبلةٌ سهواً

كسرتْ جوزةَ الصمت

وتدحرجتْ تحت المقاعد ممتلئة بالقمح

قبلةٌ على الأرض!

قبلةٌ على الأرض!

تهامست المقاعد الباردات،

لا أتعس من مقعد بارد يراقب الحريق!

******

التذكرة سيدتي!

خمسةُ صُيوفٍ لا تذيب هيبةَ الثلج

وعرائشُ العنب ترتجف في جرار النبيذ

أتقدمُ رقماً في قطارٍ لا يعرف صفيري

يصخب بي،

انتمائي إليكَ يا انتظاري الطويل

لكن مفارق شَعري تتقلص بالبرد

وحقيبتي في ركن المقصورة تطمئن إلي

لا تتركيني في قطار الثلج وحيدة!

يا أنا! يا فيض البرد في مفاصل ساقيّ

أخِفُّ إليكَ ولا أدنو

انتظرني عند مفترق الطريق حيث لا نلتقي.

******

في صخبٍ

يطوي القطارُ امتدادات مسافاتي

يحرّك سواكني بملعقةٍ خشبية

أراقب الضجيج

كثير من الحروف النافرات تقعدني عن التركيز

خواء يتمشى داخلي لا لون لعينيه

يطل علي من مقعد شاغر

حنطيّاً كوجه القمح،

من أين جئتَ؟

من هذا الزمان المذعور.
وإلى أين تذهب؟
إلى غير هذا الزمان المذعور.

******

أتفقد هاتفي المحمول
قد أطال الفواصل عني
لا أذكر آخر مرة سمعته يتنفس
أضع أذني على صدره كي أتأكد أنه يُرزقْ..
رسالةٌ صوتية تمر بكعبها العالي على جبيني الأزرقْ
أخرج من تحتها وأتأهب للصمت
عجوز في المقعد أمامي
تقفز إلى فنجان قهوتها بملعقة سكر
ضجيج الملعقة يستفز بَردي
أنا وحدي قشعريرة داخل معطفي النحيل
لا أخشى الوحدة مذ اعتنقتُ حقائبَ السفر
لكنني ما هزمتُ خشيتي من البرد.

******

التذكرة سيدتي!

لستُ أنا ولكن شُبّه لكَ بي

رائحةُ الكرواسان تجلس إلى مقعدٍ خلفي

توقظ فيّ صباحات باريس العجولة

تحاصرني بالتفاصيل

بأقدامٍ مهرولاتٍ نحو محطات مترو الأنفاق

أين وضعتني فرشاةُ أسناني

وقد التهمتُ عجّة بيض وجبن ورومي

وتركتُ خلفي نصف كوب شوكولاتة ساخنة

على طاولة باردة

في مقهى رصيفيّ في السان جيرمان

ما هذا الهراء! ما كل هذا الهراء!

******

بين قوسين وضعتُ أفكاري

وتقاعدتُ ذات فراغٍ وملل

لا وقت لدي لأنتشل ملامح الأوان حين فات

أذكر أني قيّلتُ ذات ظهيرة

ففاتتني مواعيدٌ ضربتها حتى أَدميتُ

وتساقطتُ منها كتفاحةٍ عجوز

نصحني أصدقاءٌ أن أرممها بالبوتكس

حقنة هنا.. حقنة هناك

وتعود فجّةً كما القهر

لكنني ترددتُ.

******

التذكرة سيدتي!

أما زلتَ هنا؟ بلعتُ ريقي اللزج..

أمامكَ مطبٌّ.. خفّفْ السرعة!

ولكن السائق آليٌّ ومعاونه آليٌّ

وربما أنا والثلج!! ما الذي يمنع؟

لا أذكر آخر مرة كتبتُ قصيدةً

وآخر مرة تصاعد الدخان من حرائق عشقي

وآخر مرة صبغت أظافري بأحمر

يستدعي ثيرانَ الشِّعر إلى سياقاتي،

لا أذكر آخر مرة اجتمعتُ معكَ في جملة مفيدة
وآخر مرة صعدتُ قوس النصر
أحتفي بأعناب الصيف
وشفتيّ القرمزيتين
وأزياء الشانزلزيه وعطر سان لوران،
يشبهني كثيراً ذاك الانتظار
له رائحة المكتبات العتيقة
والأفكار العتيقة
والأنثى العتيقة
وأنا التي أصبحت رغم أنف الحقيقة
عتيقةً.. عتيقة.

******

يهبط القطار هبوطاً اضطرارياً
بلاغٌ عاجلٌ عن رأس يكاد ينفجر من التفكير
أنحني لألتقط ما وقع من رِباطة جأشي
فينهمر أصفرُ خدّي ليمونةً..

أشعر بالغثيان كمراكب هواة البحّارة

تنقبض مساماتي

ويُقعدني يباسٌ أنفه طويل كالخوف،

ما كانت دمعتي يوماً أقرب

لكنني تمردت.

******

برسم البيع بدواعي السفر

مقعد مفرد في قطار سريع

الموقع: المقصورة الثانية

الطابق: السفلي تحت الصفر

المساحة: حقيبة تتسع لأحلامكَ وأوطانكَ

الوجهة: لا أدري

الخدمات: متصل الآن افتراضياً

تواصل معنا لمزيد من المعلومات

أو راجع موقعنا على الشبكة العنكبوتية.

******

فتحتُ كتاباً يتعطّر بالغموض

عطس في وجهي فيروسات من أنواع غريبة

من سلالات ومتحوّرات غريبة

عظامي تؤلمني

أصبحتْ طحيناً مدقوقاً داخل جسدي

بي شغف أن أضم ضلوعي بألف ذراع

أن ألفّها بغيمة من صوف

لكنني لا أصل إليها

يداي ترتجفان.. تتراقصان

تقرعان أبواب الدم المتجمد فيهما

لا جواب.

******

التذكرة سيدتي!

نعل القطار يئن،

أم تراها السكة الحديدية؟

أسمع صوتاً بعيداً

يدعوني للرقص على الثلج

وكأس نبيذ يراودني عن بَرْدي

يعصر شتاءاتي على صيف عريشة

أما زلتَ تنتظرني في وسط المدينة

أم أنك مثلي تغلي قهوتك على حمّى الغياب؟

******

جئتُ على عجل

ونسيتُ عطري في ساحة التروكاديرو

وحده عطري علامتي الفارقة بين النساء

اللاتي عرفتَ، وربما قبلي أحببتَ،

العينان: عسليتان نمطيتان

الشعر: أسود حبريّ مألوف

لكن العطر: أوبيوم سان لوران

بقيتُ وفيّةً له كما الصباحات لأغاني فيروز

لمنقوشة الزعتر الشهية وكأس الشاي المُحلّى

بقيتُ وفيةً له حتى صار انتمائي إليه

أوسعَ من أبعاد الكون وجغرافيا الأنف

أعلنته الفرحَ الهارب من ياقة قميصي المنشّاة

من تدافع الصور في ألبومٍ مزدحم بالذكرياتْ

أيها الانتظار الطويل وسط المدينة

كيف ستعرفني اليوم وعطري لا يرتديني؟

******

حضرتُ ولم أجدكَ

في كل خطوة كان لي جذر من فراغ

نحوكَ ناديتُ أجابتني الهزيمة

التصقتُ بقشوري كي أشعر بدفء الالتصاق

بطمأنينة الغبار في قفص الكون الكبير..

ظننتُ أنني تماثلت للقناعة

وأن البرد ضيف طارئ لا يلبث أن يغادر

لكنه أدام البقاء.

*****

التذكرة سيدتي!
حضرتَ ولم تجدني
مكتوفة الأشواق هنا
في قطار سريع لا يُسرعني إليكَ
لا أدري بكم من السنوات مررتُ
وكم من الأميال قطعني إليكَ فبكيتُ وأبكيتُ
وكم من براميل القهوة شربني فامتلأتُ
وما وصلتُ.. مااا وصلتُ
أخلصتُ لأفكاري حتى اهترأتُ
وحين حضرتُ
نسيتُ الطريق إليكَ وعلى ذمة القطار بقيتُ
وبالبرد انتصرتُ..
لا شيء غيره يجدل عواءه على السكك الجليدية.

******

التذكرة سيدتي!
أدندن أغنية قديمة من زمن بعيد

ربما تُشعرني تفاصيلُها بالدفء

بأناقة الزمن حين كنتُ أنا أنا

وحين كنتَ أنت أنت

لم يبق منها سوى لحنٍ حزين

وبضعِ كلمات تتزيّا بها

ونقطةٍ في آخر السطر

يا حزن ما بقي منها ومنكَ

يا حزن ما رحل مني ومنكَ!!

******

بردٌ..

أبحث عن نظارتي الطبية في حقيبة يدي

أريد أن أقرأ طالعي

في فنجان قهوة شربته حين كنتُ صباحاً،

خطوط البن تتهاوى بعنفٍ نحوي

لا سر تخفيه عني.. لا مجاملاتْ

تعدني بمزيد من القلقْ

بمزيد من الملل والانتظاراتْ
ومسافات الصمت والأحلام المبهماتْ
والريبة والتوتر والأرقْ،
«ولكنني سأتعافى، لا بد أن أتعافى»،
قلتُ بأناة.

******

وتركتَ دونكَ اليباسَ والقَفْر
هاتفكَ المحمول باردٌ.. لا تغطية
المشترك المطلوب غير متوفر حالياً
الرجاء إعادة الاتصال لاحقاً
يصفعني صوتُ أنثى خشنٌ
ينفضني بعنف كملاءات الأسرّة المغبرّة
كمضرب السَّجاجيد العتيقة..
من تراها تكون،
وأي هراء ذاك الذي تقول؟

******

بردٌ..
وأحلامي كالأوطان متعباتٌ مهملاتْ
تتساقط كل صباح على هاته الوسادة
عاريةَ الوصال شاحبةَ العِناق
التذكرة سيدتي!
جوعي إلى قرية تُنبت الفستق تحت قدميّ
وتحمل رغيفها ساخناً إلى زيت شفتيّ
في أعماق عينيها أجدني ملأى بالشمس
بضحكة الزيتون وخيوط الظهيرة
شوقي إلى صمتٍ لا مفردات له
ولغةٍ تُغنيني عن ضجيج الحروفْ
توقي إلى قصيدة تهابها الكلمات
وتشتهيها الانحيازاتُ ويصطفيها الأَلوفْ
وراعٍ يستكين بين يديه نايُ الحكايا
فيرتفع الصباح وتنهار من تحته السقوفْ.

******

وإنّي جئتُ بكفّين قديمتين
تجمعان الشجر المسافر نحو تخوم الفراغ،
وإنّي جئتُ غامضةً كرسالة عشقٍ مطويّة
كسنين عمري الملثّماتْ
أمشي خلفها.. تمشي خلفي
أقدامنا على الأرض صاخباتْ
أجسادنا دفاتر حُبٍّ
وما تدري بأي أرضٍ فانياتْ،
وإنّي جئتُ ويا ليتني تريثت قليلاً
ربما كان لدي حفنة خياراتْ.

******

التذكرة سيدتي!
اسند بيدك الدافئة رأسي كي آخذ قيلولتي
نوافذُ القطار باردة ترشح وجعاً
تأكل جبيني وصدغي الأيسر
أُغمض عينيّ وأدنو من المحطة

أرتّب جملاً مفيدة على سطر الطريقْ
لا شيء أجمل من خط يديّ اليانعتين
لكنه كما يديّ شاخ..
التذكرة سيدتي!
لي في إدنبره شعرٌ أسود طويل
وقدمان مسرعتان نحو الشمس
وعينان صافيتان كعيني الديك
لي في إدنبره حمائم صيف
وزعرور أحمر
وقمح عضوي ووردْ
لي في إدنبره ضحكة دفيقة
وطائرة ورقية بعرض الفضاء
ووجه جميل بلا مساحيقْ.

******

الحاجة التي تبُاع لا تُستبدل ولا تُردّْ
الدَّين ممنوع والعتب مرفوع

الرجاء عدم الإحراج!

إلى أين أمضي ولستَ معي

والدَّين ممنوع وحذائي العتيق يقاسمني الطرقاتْ

والوقت على مصراعيّ الانتظاراتْ

لا يُردّ ولا يُستبدل؟

ها قد عاد البنفسج الحزين

إلى سفوح جبالنا الحانياتْ

يهزمها الحنين إلى لا تدري

وتهزمني أوجاعُ أوطاني الباكياتْ

ما استطعتُ إليكَ مروراً يقيناً

فتسللتُ عبر أحلامي الافتراضياتْ

ها قد وصلت.. ربما ما وصلت.

******

التذكرة سيدتي!

الأفكار تكبر حولي

تكبر وتكبر ولا كلمات

أتفقّد التجاعيد حول عينيّ
أختبئ خلف مفارق شَعري
في سنواتٍ أسميتها «وداعاً»
وأسمتني مجازاً «إلى اللقاءْ»
يا أفقاً يخرج من دهشة القصيدة
اليوم وزّعتُ على الراحلين آسَ رحيلي
ورجعتُ إلى ترابي فقيرةً كالضياع
أشعر بالجوع إلى لا أدري
باللهفة إلى لا أدري
بالعطش بالفراغ بالخيبة بالريبة باليقينِ
بالقمح الهارب من جبيني
بانتمائي إلى اللا انتماءْ.

******

قميص الصباح أبيض كالورق
تأخرتُ قليلاً عن المفرداتْ
وسبقتني إليكَ بلاغةُ الصور

تخيّرتُ أجملها كُرمى لعينيكَ

وعشتُ على ضئيل المنفى

أتزيّا بالذكرياتْ

بالشبابيك الملونات العتيقاتْ

وذا الحلم تراب أزرعه كي يبقى

كي أبقى روحاً وتبقى ونبقى

وفي داخلي امرأة أخرى

كما أريدها أن تكون حين تقوى ولا أقوى

عنيدة كالشمس

صبورة كالقرميد

برّاقة كالأمل الأرقى.

******

التذكرة سيدتي!

في قَبْضِ بَرْدٍ

يا هذا الصقيع الكثيف إنّي اكتفيتُ

وإنّي اكتفيتُ

وإنّي أقسم أنّي اكتفيتْ
وما بقي مني إلا العطش
لا طالت إقامتي في السحابْ
منسكبٌ هذا الفراغ
منسكبٌ ومليء بكل تضاريس العدم
ربما تماثلتْ روحي للظمأ
حين أهديتني يقينَ الغيابْ
وقنديلاً متعباً يطل على الخرابْ
عتيق هذا الوقت ولسوف يبقى
ولسوف يبقى وربما أبقى
على قيد الضمور والنسيان.

******

التذكرة سيدتي!
ذاهبةٌ إليكَ آيبةٌ إلى نفسي
فضاءاتنا متجاوراتْ
لكن المسافةَ جرح يتلكّأ

والطريقَ طويلة تقسو على الحجارة
تطوي ظلال القادمين من الرجوع
خِفافاً من حروف أسمائهم
من يومياتهم ومقاهي مواعيدهم الخائباتْ
لا ليس هذا ما أردتُ
ليس هذا ما أردتُ
لكنني خضعتُ لرغبة المقهى
شربتُ بصحبته فنجان قهوة
لم يكن الشيطان ثالثنا
لأن طريقنا ما كانت جسداً.

******

التذكرة سيدتي!
يجلس البردُ حيث أكون
أصبحتُ أشبهه
أنتظره كما لم أنتظر أحداً
أعرّف نفسي به
أضمّه كي أشعر بصقيع المنفيّة

كنت في أوج زينتي حين التقينا

جثا على ركبته اليمنى ووعدني بالضرّاء

سألته بدهشة: لماذا أنا؟ لماذا أنا؟

لا تسألي يا امرأة أسئلة ميتافيزيقية!

******

أخرجتُ وجهي الصامتَ من حقيبة يدي

لا ملامح تعلوه

لا شوق.. لا فرح.. لا حزن.. لا اكتئابْ

لا جملة فعلية تصنع حدثاً

لا اسمية يتبعها خبرٌ عاجلٌ

وأحرف الجرّ تجرّ وراءها الفراغ

ولا تُضيف إلى المُضاف شيئاً

سوى مزيدٍ من الأقنعة

ومزيدٍ مزيدٍ من الخرابْ!!

ما هذا الهراء؟ ما كل هذا الهراء؟

******

دعوتَني للعشاء!!
ما معنى أن تدعوني للعشاء ولا تدعو المساء؟
سأذهب إلى السوق لشراء مساءٍ يليق بعشائنا
وشمعةٍ تحكي لنا عن عودة الظلام
عن عودة الحطب وأقبية الوحشة
وغضب الاختلاف وأزيز الرصاص
عن الجدران الضيقة واللغات الخشبية
وعصور الانحطاط
عن الخوف بنسخته المحدّثة ونسخته الكلاسيكية.

******

التذكرة سيدتي!
لأني الغائبة لا حضور لسواكَ
يسيل من أحباقكَ الرحيلُ المعتّق
يفتح للبكاء شهيةَ البكاء
سيدة التوتر أنا
وأضلع صدري أقسى سجون الاعتقال

أبحث عن مسكنٍ لروحي الشريدة
منفصلة كذرّة.. متصلة ككون
لا فضاء يحتويني
لا الزمان ولا أبعاد المكان
وذاكرةٌ على أنقاض ذاكرةٍ على ركام،
كيف أمنح ثقتي المطلقة لحواسٍّ خمسْ
وكيف أتحرر من سطوة اليوم وغده والأمسْ؟
أنا الصغرى.. أنا الكبرى.. أنا الوسطى
على أنقاض ذاكرتي تطلع الشمسْ.

******

بردٌ..
وجسد الأرض مُسجّى تحت الثلج
وخطوة القطار مثقلة بالصقيع
قد طال النصُّ إليكَ
وتمادت مسافاتُ «الهُناك»
قدماي مشبعتان بأرصفة المدينة

والقطار لم يصل إليها بعد
أشعر بالخوخ
بسيقانه الواقفات فوق الجليد
بأصابع أقدامه العاريات
كم أنا وحدي في بلاد الآخرين
وكم كنتُ وحدي في بلاد الأولين
برد... برد..

******

التذكرة سيدتي!
لمَ تصر يا سيدي على إحراجي
وتعلم أني طريقٌ دونه الوصولْ
وأني غيابٌ.. وأني فِراقٌ
وأني قضيةٌ شرحها يطولْ؟
ولن أقولَ إني مكسورةٌ كجرار فخّاري
وإنّ نشيدَ الحزينِ انتظاري
لن أقولْ

وإني نضالٌ عبثيٌّ

وإني جسدٌ مرحليٌّ

وإني حروبٌ لا خسارة فيها ولا انتصارِ

لن أقولْ

فلمَ تصر على إحراجي

وأنت تعلم أني طريقٌ دونه الوصولْ؟

******

نبرة القطار تعلو ثم تعلو

وأنا في كل مكان أرافق خوفي

وأستريح قليلاً كأسنان الجوعْ

حتى يأتيني وطنٌ يحمل عني

مفردَ انكساري والجموعْ

ويَلُمّ عظامي في ترابٍ غريبٍ

لم أزرعه يوماً ولم يزرعني،

قديمةٌ أنا وسبخاتي مالحاتٌ

ورقعي خروجٌ من حلمٍ ما انفكّ يخدعني

كيف؟ كيف صدّقتُ أنني حرّة في سمائي
وأنا ارتهانٌ وحُجوبٌ ونِثارٌ ومكوثٌ
ودمي على الحيطان يمشي
وقلبي عارٍ ومائي سبيلٌ
ومرٌّ الطعم هوائي؟

******

ذاهبةٌ إلى لا أدري
كما عيون الفجر إلى الأزرق،
واوي عطفٌ على فراغ مثقلٍ بوجودي
والفاء مستأنِفٌ مكرَهٌ لانكساري
وأنا مُستضيقةٌ في الأرض
محمولةٌ على أكفّ السراب
وغيماتُ الوهم ستمطر
لا بد أن تمطر يوماً.. ستمطر
ليعود جِلدي فاخراً كما كان
وزيتوني لامعاً كما كان

ودفترُ القواعد مستثنى بإلا

ومعاجمي تجمع الكلمات

سأعطيها أصابعي وفاكهتي الجميلة

وما استطعتُ من مجازٍ

وما اقترفتُ من بيانٍ

عجّل يا مطر الأوهام قليلا

عجّل عجّل قليلا

قد ضقتُ ذَرعاً بأحلامي القتيلة!

برد..

وجسد الأرض مُسجّى تحت الثلج

في عِزّ الظهيرة.

******

التذكرة سيدتي!

إني ذاهبة أهزّ ما يبس من شجر التوت

أجنحةٌ كنَّ فضاءات كسرنني

جعلنني نعاساً

ثم نثرنني فراغاً مطيَّباً بالصقيع
يا بهائي الذي حملني على كتفيه
يا قلماً تخضرّ بجرّته أوراقُ القصيدة
يا بئري! يا شاهداً على لغةٍ
استقيتُ وسقّيتُ وأسقيتُ واستسقيتُ
يا أيها الوهج الشاسع فيَّ
قد أرهقني الطريقُ الطويل إليَّ
أرهقني الطريقُ الطويلُ إليكَ وإلينا وإليهم وإليَّ.

******

مررتُ بأنفاسكَ العابراتْ
تقاسمتُها والرياح العاتياتْ
ما كنت أعلم أن الأنفاس كالنّاي سخيّاتْ
حين يرتدين ثوبَ العشق العتيق،
ما زلتُ على قيد الرغيف أدندن الأغنياتْ
خذ بقايا أصابعك وانتصر للنّاي
أرّخ يوم رحيلك فوق البراري

واتركني في منتصف اللغة فقيرةً كالتمني

لا أخوات لـ «كاني»

تحدّثني عن «ما زالي» وما «سيكوني»

لا جمع لمفردي.. لا مثنّياتْ..

لا جملَ مضبوطةَ النهاياتْ

خذ بقايا أصابعك وانتصر للنّاي

واتركني في منتصف اللغة

ألاعب حلقات الهواء

وأنوّن فقاعات المفرداتْ.

******

التذكرة سيدتي!

أشعر بالضيقْ..

هذا القطار ضيّقٌ على كتفيّ

والمقصورة ضاجّةٌ كأعراس النحل

هل لي بفنجان قهوة يعدّل مزاجي!

وضعتُ سماعتين في أذنيّ

«كنا أنا وأنت نتمشى على الطرقات
كانت كل الجيرة تحكي عنا حكايات»
دمشق يا قارورةَ طِيبي العتيقْ
يا رائحة الغار على راحتيّ جدتي
في عينيّ انتظارٌ ليومٍ لا انتظار فيه
دفعتُ كلَّ قروشي ثمناً لفستانٍ أحمر
ألبسه للقياكِ في عيد الفالنتاين
أكملت التجاعيدُ دورتها حول عينيّ
وأسدلت خيمةً فوق جفنيّ
وما زلتُ جوريّةً حمراءْ
هجينةً وحقيقيةً ومصطنعةً
مندمجةً ومنصهرةً وغريبةً
مسافرةً وذائبةَ الوصول وسمراءْ..

******

وهذي الشمس المليئة بالوعود
تغسلني من خوفي ثم ترميني إليه

أريد أن أمدّ ذراعيّ أرجوحةً للعيد البعيد
لغفوةِ ظهيرةٍ فوق مملكة الجبال
أشعر أنها كانت يوماً ملكي
وكنتُ يومها جميلةً وهّاجةً كالبرق،
علّمتُ الأرضَ أسرارَ النساء:
كيف تخطّ على جفنيها كحلَ التراب
وكيف تصبغ خدّيها بحمرة الدرّاق
وترسم شفتيها بقرمز التوت
ثم تتقوّس للعناق..
تتقوّس للعناق.

******

التذكرة سيدتي!
جئتُ من سطورٍ لم تكتمل ولن..
من سنابل قمح ما صارت طحيناً ولن..
نسيتُ أنني كنتُ يوماً لي
وأنني أصبحتُ بغفلة مني مرآباً للانتظار

لم أنم

وقعتُ في حب الانتظار

راودني عن صبري

خشيتُ أن ينتظرني ويرحل

خشيتُ أن أنام وأحلم

ولكن النومَ غريزةٌ والأحلامَ بالمجان

لا رقابة عليها..

لا ضرائب.. لا رسوم.. لا أتاوات.. لا فواتير

ما هذا الهراء؟ ما كل هذا الهراء؟

******

«صغيرة أنتِ على أحمر الشفاه»

قالت لي أمي على شرفة منزلنا

لكنني أردت أن أضيء الكوكب

أردتُ أن أشهر حبي في وجه النجوم

أن أخطو بكامل أنوثتي نحو الفضاء،

أطلتَ المكوث فيّ أيها التردد

وفي داخلي امرأةٌ أخرى أكاد لا أعرفها

لا تؤمن بما أؤمن

لا تنتمي إلى ما أنتمي إليه

لا تخاف مما أخاف

حرّة كالنهر.. كالحقول.. كذرات الهواء.

******

التذكرة سيدتي!

في طريقي إلى فنجان القهوة ارتشفتُ عمراً..

شبابٌ مفقودٌ خرج ولم يعد

يرتدي خَواءً وقبعةَ عشقٍ مؤجّل

الرجاء ممن يجده أن يعيده إلى القطار..

القطار السريع المتوجه نحو أضلعي

المقصورة الثانية

الطابق السفلي

المقعد العاشر تحت الصفر..

******

ضللتُ الطريق إلى كتف القصيدة

لا أجيد الكتابةَ ولا تجيدني القراءةُ

وعلمُ المعاني خاصمني وأقلع عن التدخين معي

فقدتُ ذاكرتي في مقتبل الشرود..

التهمتها الحروبُ العبثية

نسيتُ رائحة العائلة وهدير المدفأة المسائية

في آخر المقصورة بعض الشطائر الباردة

المايكروويف لا يُحسن التسخين

لا يجيد عناق الطعام حتى يذوب بدفء الحميمية.

******

قل لي إني أشبهكَ

وإنك لم تنتظر سنبلةً كما انتظرتني،

قل لي إن «هُناكَ» يشبه «هُنايَ»

وإني السواحل الممتدة فيكَ

وإني المرافئ وإني الشواطئ،

قل لي إن نصوصكَ تنقّح نصوصي

من مفردات الخوف والقلقْ
وعبارات الضجر والأرقْ
ورائحة الخذلان وعزلة الملاجئ،
قل لي إني شبابيكُ أحلامك العريضات
وإن وجهكَ خلفها وجهُ انتظار،
تأخرتُ قليلاً
كنت أصفف شَعري المتعَب من المشيبْ..
لي في إدنبره شعرٌ أسودُ طويلٌ مَهيبْ
وقدمان على الأرض عصفورتان
وعينان ضاحكتان كالصيف
نسيتُ مقلتيهما في حدائق برنسيس ستريت..
كان عمري يومها غداً.

******

هذا الضجيج الساكن بي
ظننتُ أني تركته
وغسلتُ فجري من رفات الرحيل

كيف ستعرفني وقد حشرتني مَدرستي
بقوالب الزي الموحَّد والعقل الموحَّد
ومنعتني من انتعال الكعب العالي
وحظرتْ علي دخول القصيدة باللون الأحمر؟
سأقطف خطوي إليك وأهديكَ الوقت
وها كلّ يوم أعيش بكَ أهبكَ إياه
وفي عينيّ انتظارْ
وباب أبكي خلفه بكامل عطشي إليك..
كان عمري يومها أمساً وحرقة ومرارْ.

******

ما تغيّر شيءٌ
سوى أني كسرتُ القوالب
وتمردتُ على الزيّ الموحد
وأصبحتُ أنا..
أجتمع مع نفسي في عبارة تشبهني
أحرّك فنجان الشاي بضحكة حقيقية

وحين أتأخر عنّي أجلس في انتظاري

تختفي كل الضمائر وأبقى أنا..

أنا الانفصاليّة

أنا الانتقائية

أنا القصيدة الحرّة لا بهاء لها

إلا بتحطيم أوزانها القسرية.

******

التذكرة سيدتي!

لم يزرني حُبٌّ في غيابكَ،

قالت لي العرّافة يوماً

سيمرمر ضلوعَكِ الانتظارُ الطويل

ولن تغادركِ الحروفُ المؤجلات،

يا بعض شموسي

إني باقية على قيد النور فتوقّدي

سرّحي شعري المغسولَ بالفضة

من رحيل إلى رحيل

لا تحاصريني بالأمس أستضيق به

ولا توقظي في خيالي النائمين

غداً يماطلني الغيابْ

لأصبح فكرةً افتراضية لا يحتويها كتابْ.

******

الأراجيحُ تكتب سيرة العيد الذاتية

في كل عيد حذاءٌ جديدٌ

تقطعه المسافاتُ وعناوينُ الرياح المنفيّة،

بقطعة سكّر يجبر العيدُ خاطرَ المتعَبين،

تعال أيها العيد أحدّثك عن قناديل مضت

عن أوطان مضت

عن بعضٍ مني وبعضٍ منه وبعضٍ منهم

عن أبعاضٍ تناثرت فوق الدروب الطويلة

كما الصبّار لا ماءْ

يختبؤون خلف حكايا الشتاءْ

وحواشي الكلامِ الكلامْ

يا لهذا الضجيج.. يا لهذا الضجيج!

******

التذكرة سيدتي!

كل شيء للبيع حتى الفراغ

وأقفاله للبيع والإيجار والشراءْ

قد شربتُ إبريقَ فراغٍ

ودفعت ثمنه حتى ضاقت بي البحار

عرضوا علي فراغاً آخر

قلت أريد فراغاً مبتكراً يتخمني سذاجةً

ويسطو على مفاتيح الكلام،

ما هذا الهراء؟ ما كل هذا الهراءْ؟

******

بسطتُ جناحيّ على عرض السماءْ

ظننتُ أنني طير عتيق

أعيد على ذوقي ترتيب الفضاءْ،
أزداد زهواً كلما حلّقتُ
وكلما رفرفتُ
وكلما جَزُلتْ بحُسني قصائدُ الشعراءْ،
يا للفخ الذي وقعتُ فيه كعصفور!
أهذا هو الطير الذي كنت أنا؟
ضيّقٌ ذاك الفضاءْ
ضيّقٌ وصباحه سُترة غائمة
وظهيرته ربطةُ عنق خانقةٌ
وويلي.. ويلي من عري المساءْ!

******

لا يمرُّ أحدٌ للتحيّة
رائحةُ الخبز تستيقظ باكراً
كنتُ أحسب أن المكان يختار زرقةَ الفجر
وأن أسطورةَ الحِنطة أمُّ الأساطير القدسيّة
كان عمري يومها طقوساً لجمع الحُب

ما كان الناس جياعاً للقمح
ما كان الناس جياعاً للحُب،
بي رغبة في المشي وحيدة لساعات
في مكان يعتنق دربي ولا يرتاب
لكن أصابع قدميّ مثلجة في حذاء
برررررد..
لا شيء غيره يجدل عواءه على السكّة الجليدية.

******

التذكرة سيدتي!
صفير القطار يملؤني بالخوف والترقب
يجرّني إلى مناطق لا أعرفها في نفسي
لا أملك سوى وهم امتلاكي لأنا
غريبة في داخلي
غريبة في خارجي
طازجة وفجّة
قحطاء وورقاء

كل المحطات أمامي ولا وصول
وصفير القطار يملؤني بالترقب والخوف،
أما زلتَ في وسط المدينة أيها النبيلْ
أم تراه هزمكَ الانتظارُ
وشتّت في الفضاء عطريَ الطويلْ؟

******

ربما غفوتُ كياقوتة فتيّة
سار القطارُ على أطراف أصابعه
لكن أحدهم أطلق سعالاً غريباً
استيقظتُ مذعورةً..
من أي متحوّرٍ يا هذا أتيتَ؟
وضعتُ كفي على عري أنفي
وإلى النافذة استدرت
نسيتُ كِمامتي في وجوه المسافرين
القادمين الراحلين العابرين
نحو تضاريس المفردة البهيّة،

أرضٌ أخرى تطويني..

متى أصبحتُ نائيةً هكذا

متى أصبحتُ غريبة صدئة يابسة وندّية

ومتى أشهرتُ دمي

وأشهدتُ العالمَ على خساراتي السخيّة؟

***

التذكرة سيدتي!

بحثت عن غفوتي في عيون القطار والمقطورين

يبستْ في يدي كِسرةُ خبزي

كانت منذ لحظاتٍ يانعةً شهيّة

وكنتُ مورقةً ومتوهجةً وجميلةً وزهيّة

تحلّقتُ حول نيران أفكاري

أنا هجينةٌ ومصطنعةٌ وافتراضيّةٌ وحقيقيّة

مندمجةٌ منصهرةٌ مستنفرةٌ شرقيّةٌ وغربيّة

مسافرةٌ إلى وجهتي

ذائبةُ الوصول فاقدةُ الهويّة

ما هذا الهراء؟

ما كل هذا الهراء يا أنا الشقيّة؟

******

إلى أين أمضي وروحي وحيدة

علّمتها القراءة والكتابة وفنون الانتظار

وبقيتُ وحدي مع وحدي الشريدة

حتى نبتت على أقدامنا محطاتٌ

وعلى مسافاتنا أعشابٌ فريدة،

كنتُ صغيرةً وكان ابن آوى كبيراً

قال: سأمكث قليلاً ريثما أكمل قهوتي معكِ

قلتُ: لا تتركوني مع الجقل وحيدة!

يا هذا! يا هذا قد أطلت المكوث هنا

أما فرغتَ من شرب قهوتنا العتيدة؟

******

بردٌ..

والثلج إلى جانبيّ القطار صامت لا يتفوه

قُرطان في أذنيّ ما خفّ حملهما وما اصطفيتُ

شعرت أنني الزبّاء شامخة كشمس الأصيلْ

فوق واحات النخيلْ

كان عمري يومها هنيهة ونصفها البخيلْ،

يقتلني في داخلي حضورُ الغياب

وكلُّ ما سوف يُقال وما بمحض الصدفة قيلْ

وقعتُ في قبضة البرد

هي ذي بسمتي تتحجّر كالنُّصُب التذكاري

كي لا أنسى أنني يوماً ضحكتُ

واقترفتُ العطرْ

ورائحةَ العناق وأناقةَ الصبرْ

أصبحتُ أكبر سنّاً من أبواب المدينة السبعة

وأكثر نَزَقاً من الضجر والأرقْ

لماذا لم تخبروني أن الأوطان تموت قهراً

حين يصبح تاريخها المجيد حبراً على ورقْ؟

******

يا لرهبة الانتظار!

دقائقٌ حبيسةُ الأنفاس

يشدّ الترقبُ حزامَ عمري

فيضيق خصري على جسد الفضاء

كبرتُ وفوّهة الانتظار إلى رأسي:

انتظار الحقيقة للمطلق

انتظار القمح للوطن

انتظار حكاية لا تشبه الحكايا،

يا هذا! يا ابن الهواء الذي أتنفس

كيف سأفتح في الليل نافذتي وأنتظر

وأنت مثلي.. قبلي وبعدي

تمتصك الرطوبةُ وتخنقك الزوايا؟

******

أحببته في السر.. وكم أكره الأسرار

وأكره السواكن والمستتر والتقدير هو

وأعشق الكلام المبين

قدماي ترفرفان فوق الأرض عند اللقاء

ويفيض إلى زنديه وردي ويقطفني السياج

وأعلم علم اليقين أنه عطري

وأنني على عرش انتظاراتي هويّة

وعلى عرش صمته البليغ مفاتيح لغويّة

قصيّة أنا كما البلدان المنفيّة

وكما وشاحات الشتاء الطويل

قريبة الأنفاس موسميّة

أتخافني يا هذا؟

أتخافني ولي منكَ لغة

تشرق من حضن ضادها شمسٌ

تشرب على مهلِ الصباح قهوتها العربيّة؟

أتخافني ولي منك وطن وذاكرة

ورغيف خبز وقصيدة منمّقة عموديّة؟

******

التذكرة سيدتي!

«سأضع على جبينكِ نجمةً»،

قالت معلمتي بصوت جهورْ

صفّق الأولاد واكتمل بفخري الحضورْ

هكذا غدوتُ منطاداً يتبختر بين النجوم

آهٍ! آهٍ يا مدينة الأحلام القَفْر القُفور

بحثتُ عنك في رياحين التمني

وأعددتُ لوجهينا أباريق الصباح

قلتِ: «اعتزلتُ الشعر ومالحتُ الرياح»،

يا الله! يا الله!

لمن قصصتِ شعرك الطويل أيتها الجميلة؟

******

كلما زلزلت الأرض زلزالها أصبحتُ أنقاضاً

وعثرتُ على دمي فوق قطن السحابْ

تأخرتُ عن غدي..

عن غمازتيكَ المدفونتين تحت الترابْ

وفقدتُ عناوين الأصحابْ

ودفاترَ الإنشاء والإملاء والإعرابْ

فوضى.. فوضى

لا سماء فوقي

لا رصيف تحتي

لا جدار يسندني.. لا أحبابْ

ولحمي على الأسوار صمتٌ

وأنا ما زلت حيّة أُرزق بخيباتي

أؤرّخ وهمَ انتصاراتي

وما زالت بحار السبعة تلفظني

وتغلقني النوافذُ وتوصدني الأبوابْ.

******

التذكرة سيدتي!

لأطوار هذا الشتاء غرابة الضّباعْ

أحدّق في عينيه الباردتين

فيوجعني صقيعٌ ويؤرقني ضياعْ

ماذا لو غفوتُ وفاتني الوصول إلى لا أدري
وبقيت كالظلّ المشتت في الصحاري؟
حذارِ من خيبة المسافر حذارِ!
حقيبة العمر مِن سقَط المتاعْ
ورغيفٌ على استحياء يأتي
«للجادّين فقط
رغيفُ قمح نخب أول
السعر غير قابل للتفاوض»
حذار من خيبة المسافر ومن أوجاع الوداعْ!

******

لي في إدنبره شَعر كثيف وجديلة
وكتاب مفتوح
وفؤاد جمعتُ تفاصيله على عجل
وقصيدة حررتها من أوزانها الثقيلة
ومكعب سكر وكوب شاي إنجليزي
وأنا الغريبة ومفرداتي قليلة

إدنبره!

إدنبره إني منهكة كجملة طويلة

أخاف أن يضيق حبري على قلمي

فيعصفني الجفاف

قبل أن أكتب على انتظاراتي حكايتنا الجميلة

وأخشى..

أخشى أن ألقاكِ يوماً فلا تعرفينني

بقي من ملامحي شامة سوداء

وعينان عسلتيان ونصف الجديلة...

******

التذكرة سيدتي!

أعشق رائحة المكتبات العتيقة

تراودني بدفء المعرفة عن صقيعي

أحمل إليها كلماتي شَتاتَ فرادى

فتصوغ منها حشوداً نبيلة

اجلس معي أيها الورق!

اغسلني بنور الحقيقة الجليلة
أشعر معكَ بالسكينة..
يا الورق!
دنوتُ منك جفافاً أمطرتني بالضوء
لكن عمري بضعةٌ والطريق كثيرة
والقصيدة بحرٌ على امتداد عمقي
فامهلني يا الورق قليلا!

******

بردٌ..
والقطار عبور إلى الرحيل
إلى المسافات التي تذهب ولا تعود،
لا أحد بانتظاركِ
اشعلي سيجارة
ضعي ساقاً على ساقٍ وانتظري
لكن التدخين ممنوع
والانتظار خارج أوقات الانتظار ممنوع

والتمرد على سطوة الانتظار ممنوع

فيا ضجري من كل ما أنتظر وما انتظرت

ويا مللي من وعورة الانتماء وتعاقب المنفى

ومن طوابير المنتظرين وخربشات الحكايا

تحت سقوفٍ دَلفى..

بررررد..

******

إنذار الحريق يعوي في الردهات:

على جميع النزلاء إخلاء الغرف فوراً

والتوجه إلى منطقة الاستقبال

يُمنع منعاً باتاً استخدام المصاعد

على جميع النزلاء إخلاء الغرف فوراً

حملتُ نعاسي في عينيّ وخرجت

رائحة الحريق تخنق رئة المكان

«سيدي! ما الخطب؟»،

سألتُ الموظف المذعور

«الوقت يحترق.. الوقت يحترق»،
أجابني بسرعة وانكفأ،
ولستُ بماضٍ.. ولستُ بحاضرٍ
ولن يمرّ الزمانُ بي
فما همّني إن احترق الوقتُ أم انطفأ!

******

إنّي جائعةُ الحصادْ
نحيلة كعصا خرجتُ أحمل منجلاً
باركته الأرضُ والسماءْ،
يا خبزنا القادم من خلف أحراش اليباس
أحرقتنا الظهيرةُ وما شَفَع الرجاءْ
إنّ الحصاد قريبٌ وإنّ الطحين آتْ
كاد ذا العمر أن يمضي
وما جاء الرغيف وما نضج الحصادْ
وغداً.. غداً تمحو الريحُ كل الخطايا
فيخرج اللصوص من خلف تجاعيدنا:

أيها الفلاحون الأتقياء الأوفياءْ

إن العصافير نقرت قمحكم

وأفسدت محاصيلكم

العنوا العصافير بكرة وأصيلاً

وحذارِ حذارِ أن تلعنوا الجرادْ.

******

بردٌ..

والثلج إلى جانبيّ القطار صامت لا يتكلم

وبي شوق إلى كوخ تدمّرْ

وبي مشط لا تفكّ أسنانُه شَعري

وبي حزن وبي وجع وبي أكثرْ،

لي في إدنبره موقد يغويني

وكوب شاي وقطعة سكّرْ

ولي فيها عطر عبرتُ به بعضاً

وابتنيتُ بعضاً

وأبقيتُ على بعضٍ ما تغيّرْ،

خفقٌ أنا لا هناك خبزي وطحيني
ولا هنا زيتي وزعترْ
وكحلي عربيٌّ ورفيق دمعي
ما أحزنكَ كحلي وما أبكاكَ
وما أذاقكَ المرَّ وما تمرمرْ؟
تساقط بابي فما امتشقتْ لي من بعده عنقٌ
لا شيء أوجع من بابٍ تكسّرْ.

******

التذكرة سيدتي!
ساعدني سيزيف!
احمل معي صخرتي الأبدية!
مصابةٌ بداء العزيمة أنا
لكن الجبال أوزرتني ما لا أطيقْ
والهضاب خانتني
واستعصى على ركبتيّ الطريقْ
لكأنما ذا الليل قدري

وذا الخراب وذي المنافي وذا الحريقْ
وقمصاني من خيشِ أكياس الطحين
تعجن للبائسين رغيف الصباح
ومن أكمامها تخيط خياماً
لذوي القربى ويتامى الحروب
وأبناء عنق الزجاجة
يطول وثم يطول.. يطول ويضيقْ،
ساعدني سيزيف!
احمل معي صخرتي الأبدية!

******

غادرتُ بساتيني
وفعل مضارع إلى يميني
يشرب نسغه من ذوب أحلامي
يركض معي من أرضٍ إلى أرضِ
يلتهم لحمي ولفائفَ سنيني
أهرب منه فيلحق بي

يشاطرني قهوتي المرّة وتجاويفَ الحكايا

مشتاقة أنا لسطوة الشمس على وجهي

لفعل مضارع بلا خطايا

لا جاء مِن «كان» ولا «سوف» التمني،

وُلدتُ من ترابٍ لا أستعجل إليه رجوعاً

إني حنّاء أفراحٍ لا منايا

وكفّاي يمامتان على كتفيّ صيفٍ

فكيف أصبحنا بعد العزّ برداً

وهمزةَ قطعٍ ومراكبَ موتٍ

ولزرقة البحار طُعماً وضحايا؟

******

كلما زلزلت الأرضُ زلزالها

غيّر المكانُ عناوينه ووجوهَ الأصحابْ

ما زلتُ حفنةً من ماضٍ

وشيئاً من حضورٍ وبعضاً من غيابْ

أحمل على كتفيّ نعشاً لا قبور له

ونصّاً من آسٍ مُجَدولٍ وترابْ
ولست وحدي من يرتحلْ
ولست وحدي من يشتعلْ
ولست وحدي من يرفع يديه إلى السماء ويبتهلْ
ويُعلن الحداد سبعاً فسبعاً على الرغيف ويعْتَوِلْ
يا لهذا الجوع الطويل القامات
حتى تلاشت شفاهُنا وترقّعت أفواهُنا
وخرجنا من أجفاننا عراة،
حمرٌ جراحنا.. حمرٌ نديّات
لكن موتنا المحتوم بعد لم يكتملْ.

******

التذكرة سيدتي!
وحيدة مع وحدي
وذا وحدي يحدثني كثيرا
أنّي عروس اللوز
وخيطان أمطار الربيع النحيلة

وأنّي نخلة الصحراء

وموجة الأزرق المتوسط

وصفصافة الألب الجميلة

وأنّ انتمائي ليس مُلكي

وانتظاراتي ما عادت طويلة

أنا ابنة الكون لا تكتموا قيدي

لفجري الآتي مهابةُ نورٍ

وفي النوافذ ركن للعصافير الصغيرة

هكذا يحدثني وحدي عند المساء

فيستكين خوفي

وأغفو على ساعديه قليلا.

******

التذكرة سيدتي!

ما هذا الضجيج؟ ما كل هذا الضجيج؟

زلزال عنيف يهز بعنفٍ أركان المساءْ

اخرجي من هذا الجحيم!

هيا اخرجي من هذا الجحيم أيتها الحمقاءْ!

تعالت الأصوات،

لكنني مشغولة أوضّب بيتي

أنفض ملاءات سريري من التراب

ألملم زجاج مرآتي وظلّي المكسور

أعيد ترتيب ربطات عنقه الأنيقة

أضع الطعام لقطتي المذعورة

وهذا العالم ما عاد يكفي للركام

لأنقاض أنفاسنا العالقات على حبال الهواءْ

هيا اخرجي من هذا الجحيم أيتها البلهاءْ!

تعالت الأصوات،

كل الأشياء التي أحبها هنا.. كل الأشياءْ

خطوة.. خطوتان.. وينضج موتي

هكذا تكتمل الحكاياتُ في المدن الحزينة.

******

التذكرة سيدتي!

شاب وسيم يمر بمقعدي

نظرته تربكني.. تشبكني بحكاية قديمة

الأسماء تتغير والأماكن تتغير

لكن القصص لا،

أشعر أني التقيته يوماً

وأنا في طريقي إلى خط الاستواء

في إحدى النقاط الزمنية الدفيئة،

مال القطار فمال بجسده نحوي ثم اعتذر

تفتحت رئتاي لعطره الكثيف

تفقّدتُ أزهارَ ذاكرتي زهرة زهرة

أعرف هذه الرائحة..

أعرفها جيداً

ربما كانت جزءاً من أغنية قديمة

اقترفتُ سماعها في سن المراهقة

ربما صباحاً جبليّاً

مررتُ ذات مرة بقهوته الصيفيّة

ربما رواية كتبتها

فسجنني أبطالها في قارورة عطر

ربما مدينة تشبهني وأشبهها

ربما..

******

كنتُ لغةً ودفترُ الإعراب عصفوراً

زقزقتنا تملأ صباحات البلاغة

وعند وهج الظهيرة نستظل بالشِّعر

قصيدةٌ تذهب إلى الحُب

وقصيدةٌ يأتي إليها الحُب

وقصيدةٌ تتعطر بأناقة الحُب

وأخرى «قفا نبكي» على ما كان من حُب.

******

برررررد..

وذا وحدي يحدثني طويلا

عن قاربٍ جاحظ العينين يحدّق بالماء

يبحث عن جثامين أطفال ليسوا من صلبه

يجمع حطام أخشابه من ضلوع خيباتهم

ويتركهم للبحر ينتفخ في بطونهم الجوعى،

عتيقٌ هذا البحر

عتيقٌ وساديٌّ وقميصه رثٌّ وعشاؤه حزين.

******

التذكرة سيدتي!

كحّلتُ عينيّ وخضّبتُ بالأحمر شفتيّ

أنا..

وأنا كذلك..

ولكنني..

وأنا أيضاً..

لا تقل شيئاً!

لن أقول شيئاً..

وانتهى الحوار

قلنا كل ما يجب أن يُقال

وسقطنا وطناً إثر وطنْ

كان عمري يومها

بندقية وقلم رصاص ورسنْ.

******

بردٌ..

والثلج إلى جانبيّ القطار صامت لا يتفوه

أين أنتِ الآن؟

في القطار السريع إليّ

ستأتين كلّكِ؟

ليس كلّي معي

وليس كلّي أنا

وقد لا أكون أنا

ما هذه الأحجية بحق السماء؟

******

بردٌ..

والثلج إلى جانبيّ القطار صامت لا يتفوه

العناية المركزة.. ممنوع الدخول

ربما يصبح الكون أبهى

والرغيف أشهى

وتراب الوطن أحنّ وأبقى

ونبدأ من جديد

أحراراً من خطايانا.

******

التذكرة سيدتي!

دماءٌ.. دماءٌ.. دماءْ

لماذا قتلتني؟ أوَ تعرفني يا هذا؟

لا.. ولكنني أكرهكِ

ولماذا تكرهني وأنت لا تعرفني؟

لأنكِ لا تشبهينني في الفكر والولاءْ

سيقتلكَ ابني لأنكَ قتلتني

وستقتله ابنتي وتنزع من فمه الأحشاءْ

فلنتشابه في القتل إذن!

ولنتوكل على رب الأرض والسماءْ.

******

التذكرة سيدتي!

ليس لدي فروع أخرى

احذروا التقليد!

أنا القَلَقْ

المالح المرّ

الحامض الواخز اللاذع

المُتبّل بالخوف المنقوع في الأرقْ

لا دموع لدي أذرفها معكم

ولا مناديل أمسح بها دموعكم

وإنّي الصيفُ الذي لا كرْم فيه

وإنّي الموت الذي لا راحة فيه

وإنّي حَرّ الصحاري

وإنّي عطش البراري
وإنّي قد ضاق علي عمري وانطفأت.

******

التذكرة سيدتي!
في عينيّ انتظارٌ إليكَ..
تأخرتَ قليلا
خبّأتُ لك جوزاً وعنباً وتينا
أخاف أن يهاجر الصيفُ ويعرى الشجرْ
وتنضب في اللغة دلالاتي
ويضمر وجهُ القمرْ
ما أقسى سجون الانتظار
وما أكثف هواجس الليل
وما أطول عمر السهرْ!

******

عندي قفطان بنيّ
تفوح من لونه كستناءُ عينيكَ

كلما ارتديته توقدت في عينيّ مدفأةُ الشتاء
وأجمرني شوقها إليكَ
باركيني أيتها النار حتى أقطر ورودي
وأنهمر زيتاً على صدركَ وساعديكَ
إلى حقيبتي مرتحلةٌ أنا
على طرقاتٍ لا تشبه قدميكَ
خذ بقاياي على الطريق
وانتصر بها على قصيدتي الحزينة
ودهشة حاجبيّ وحاجبيكَ!

******

بردٌ..
والثلج إلى جانبيّ القطار موّالٌ رتيبْ
كل الطرق تؤدي إلى وجعي
ولي في كل المدن من القيظ نصيبْ
ومن العجاف أنفاسٌ عالقاتٌ
ومن العالقات صقيعٌ ولهيبْ

أنا الجسد الضيّق على أسفاري

أنا ضجر الخذلان وقربان الحروب

ونحيب الدّوالي فوق أيباس الزبيبْ.

******

التذكرة سيدتي!

لي مع جدول الضرب حكاية طويلة

صغيرةٌ أنا على الضرب

وعلى الجداول أرقامي قليلة

أصابع يديّ عشرة أنفقتها على ندمي

فكيف أعدّ عليها قطعان الخراف الذليلة؟

******

نعمة الطيران..

وهبتُ كلَّ العصافير أجنحتي

وجلستُ أغزل للحرية أهداباً حريريّة

ها قلمي يضرم النار في صقيع المجاز

ويوسّع بلهيبه شعب البلاغة الهوائيّة

فاغفري يا لغتي جموحي
واغفري يا لغتي عدولي عن النمطيّة
إني أنجبت خارج الرحم كل قصائدي
وما كنتُ يوماً امرأةَ سوءٍ
وما كنتُ يوماً بغيّاً.

******

التذكرة سيدتي!
أشعر بالجوع
لا شيء أشهى من رائحة منقوشة زعترْ
تأتيني طازجة من صباحاتٍ قرويّة
الفتنة نائمة لعن الله من أيقظها
ما كنت أدري أنها تستوطن في الرائحة
وأنني ألعن من يوقظ الزعترْ
وأنا في عصمة غيابٍ لا أعرف ملامحه
في زمن البكاء والبريد الأبترْ
أشعر بالجوع

تتدافع في رأسي الأفكار..
أبحث في حقيبتي عن قلم ودفترْ
وفي القطار عن فسحة أبكي فيها وحدي..
لا شيء.. لا شيء أكثرْ.

******

لا وجع في الكون ليس في داخلي
يا لهذا الموت الذي اكتملت أركانُه وما اكتمل
يمرّغ بأحمره وجه التراب النبيلْ
الأرض بائسة شقيّة..
جريح هنا وهناك قتيلْ
ادفنوا أبناءكم المتعَبين من الموت
قبل أن تنفد القبور
إلى الضفة الأخرى بشغف يتطلعون
لا خوف عليهم فيها ولا هم يحزنون
كغبار الهزيمة أجرجر ساقيّ نحو نار تنطفئ
الهواء حامضُ الانتظار

يداه مثل يديّ الليل خائفتان
وتقاطيعه قاسية كعيون الحطّابين
كنتُ شجرة وتساقطت أوراقي عما قريب
شعور بالعري مرير
وهوية مشوشة
وشهيق مغلق لا يعقبه زفيرْ.

******

بردٌ...
يتغلغل في مساماتي وفي نسيج الكون
بي توتر يضيء درب التبانة وضواحيها
توتر عالٍ.. خطر الموت
أتقدم ببطء نحوي
توقفي! خطر الموت
كانت السماء شاحبة
وكان عمري يومها رقماً متعَباً
أتقدم ببطء نحوي

توقفي! خطر الموت

عيار ناري.. جثة على الأرض

لماذا أطلقتَ النار علي وأرديتني قبراً؟

أردتُ أن أحميكِ من خطر الموت.

******

أشتاقكَ..

يستمهلني الصباح

لأجمع لعينيكَ قطفةَ حبق من أعالي الجبال

ولشفتيكَ فنجان قهوة وسكّر

كل طرقات قلبي تؤدي إلى حيث تكون

«الحب والعطر لا يختبئان»

لكنني أرتالُ غربةٍ وابنة مسافاتْ

ونصف حكاية وأنت الراوي

فقد نذرتُ لصمتي النهاياتْ

وتركتُ لأنفاسكَ ما أتيتكَ يوماً بعطري

فهلّا فهمت أنوثة الإشاراتْ؟

أشتاقكَ..
وأراكَ من بعيد تتلصص على ضربات قلبي
ودواوين عشق لا تتقن لغتها
لكنك تمسح عن غلافاتها وجوه الأولينْ
لتبقى أنتَ الدهشة وأنتَ اليقّينْ،
ارفع الكأس عالياً
سأشرب معكَ نخب دكاكين الورود
على امتداد ذراعيّ وخاصرتيك
لا سُلطة أعلى من سلطة المجاز
على طفلة القصيدة.

******

التذكرة سيدتي!
تعثرتُ بذكرى الكستناء المشويّة
على ناصية الشوارع المنسيّة
كان عمري يومها صخباً وعشقاً
ومعطفاً معلّقاً على كتف البيوت البهيّة

تأخر بائعُ الكستناء يوماً أو بعض يومٍ

فهجرتُ أنفاسي في ساحة المدينة الشهيّة

وخفتُ التمني

وخفتُ في الخيبة التثنّي

وعلى مهل المسافات نضجتُ

قطعةً من ضحكة هنا

ومزيجاً من دمعة وصلاة وإنّي ولو أنّي

وحدث أن تعبتُ وما اشتكيتُ

وحدث أن فرشت الأرض أحلاماً وما اكتفيتُ

وحدث أن جدولتُ أحزاني ولكنّي..

ولكنّي..

******

يابسٌ ذاك المكان

يابس وموحش وقِطافه وعر

وضحكته أصغر من مقاس فمي

وأنا شجرة زيتون بعليّة

لا شرقية ولا غربيّة

حرّة كقصيدة نثر

كصباح الخير في نوتة جبليّة

رثيتُ كل أقفالي بديوان شعرٍ

وأطلقتُ للريح دهشة جناحيّا.

******

التذكرة سيدتي!

شجرة المانغا قصة حزينة

لم تنجب ثماراً لحديقة المدينة

ترهلت أغصانُها

تهدلت أوراقُها

وضاقت على الفراشات فضاءاتُها

بقي من ملامحها بعضُ الأوراق الثبوتيّة

وسجلٌّ حافلٌ بالانتظارات العبثيّة

ربما يأتي الربيع يوماً

فتأخذ الانتظاراتُ نفساً عميقاً

وتنجب في غرفة المخاض انتصاراتٍ وهميّة
وللقصة في عصمة التاريخ بقيّة.

******

أنتَ من جديدْ!
التقيتكَ صدفة بعد غيابٍ بعيدْ
في تيه عينيكَ بحثت عن عمقٍ قديم
ما وجدتُ سوى كفنٍ وجثمانِ قصيدة..
كنت أحسب يوماً أنكَ وطن وأني حبيبة
كيف تحولتَ بسرعة الموج إلى منفى
وتحولتُ أنا
على رصيف الحنين إلى امرأة غريبة؟
لا تناصّ بين نصّكَ ونصّي
سأعيد ترتيب الحقيبة.

******

التذكرة سيدتي!
كأني صورة عتيقة

مهيبةٌ بالأبيض والأسود
لا أدري إن كنتُ ألبس فيها أحمر أظافري
وأتزيّا بقانيات شفاهي
وهذا الشال حول كتفيّ ورثته عن إحدى جدّاتي
كم كان الأسود والأبيض ملوّناً بالوعود
وكم كانت القلوب نظيفة ورقيقة!

******

التذكرة سيدتي!
«ضاع شادي» على سفوح القصيدة
ها أنا وقهوتي نفتش عنه
نحتطب لثلجه سنوات الحروب العتيدة
من يصدق أنه خرج منذ دهرٍ ولم يعد
وأنني لا زلت منذ دهرٍ في وضعية انتظارْ
ما أحوجني اليوم لأن أعقد قراني على قطارْ
أسافر في حضنه على ضجيج السكك الحديدية
أَدخل رأساً لا يشبه رأسي

تعبتُ من نسيج أفكاري العنكبوتيّة

من الزوايا الحادة

والزوايا القائمة

والزوايا الدائرية وشبه الدائريّة

ما أحوجني لأن أخلع كعبي العالي

وأنجو من هاوية ارتفاعاتي الوهميّة

ما أحوجني لأعيد ترتيب قدميّ

بطريقة أقرب إلى الأرض وأكثر واقعيّة

تعبتُ..

وظهري مطليٌّ بألوان الحقائب

وحاكورة النعناع خلفي ريثما لا نلتقي

أنا الراحلة الأبديّة الأزليّة.

******

التذكرة سيدتي!

يداي فارغتان أحمل درباً طويلاً

وإنّي ماضية ولا أمضي

وإنّي راحلة ولا أرحلْ

وإنّي مقطوعة من نص طويل

موصولة بأسماءٍ ولا صلة وصل لي

مترجَمة إلى لغة لا أتقنها

وإنّي هجينة وحقيقية ومصطنعة

مندمجة ومنصهرة وغريبة

مسافرة وذائبة الوصول

وسواحلي صحراء ولا أقحلْ.

******

بردٌ...

كتفاي يابستان

وجسدي داخل معطفي في ضِيق

من التراب وُلدتُ وإليه سوف أعود

أنّى لترابٍ يطويني ولا أوطان تؤويني؟

طعم التراب صامت وحزين

ها أنا وقهوتي بالمرّ ترويني

نجمع عزاءنا في فنجان صغير

عظّم الله أجركم!

ارتدى الموتُ جسده بالأبيض والأسود

التناص مع الصمت نص قديمْ

وقدماي حافيتان باردتان

والشتاء لئيمْ.

******

ما كانت ظلالي لتلك الشمس

ولا جذوري لتيك الأرض

كرْمي وحيدٌ يزهر في المنافي

كل العرائش على حجارة الدار أنا

وأنا لست أنا..

أنا لست أنتَ ولست أنا

المسافة بيني وبيني أُخرى أنا

وجدراني كثيرة وطويلة

طليتها بالمجاهيل والعناوين الدخيلة

كلما هبّ المغيبُ..

يا ليتني في جيوب الشمس

خبّأتُ لدروبي دليلا.

******

برررررد..

كم بي من وداعات وعناقْ!

أشتاقْ!!؟

لا أدري إن كنت أشتاقْ

أسلمتُ للريح خصلات روحي

وذا جسدي أحمله على كفوف الغياب

أمرّ به على القوافي العتاقْ

يا سيّد الحب يا قلبي

يا جوع المسافات

وحطب مواقد الشتاء

وأبجدية العشّاقِ العشّاقْ

نسيتُ على مفرق الطريق فواصلي

وختمتُ بالنقطة سطري
واعتزلتُ العطور وأسدلتُ الأشواقْ.

******

التذكرة سيدتي!
المصارف تنهارْ
تغلق أبوابها في وجوه المودعين الأشرارْ
أذكر أني أودعتُ فيها آخر أحلامي
رغم أنف القصيدة،
كان عمري يومها مقعداً خشبياً
وحديقة مطوية
وسنجاباً خائفاً
وعزفاً منفرداً وانتظارْ.

******

برررررد..
ينسكب صوتُكَ في ذاكرتي كدنان الخمر
وأنسى على أقداحكَ شفتيّ

إنّي سكرتْ..
إنّي سكرتُ وأنجبتُ الخطايا
يا كلّ القصائد.. يا أجمل أجمل ما كتبتْ
يا ذوب المسافر في دمي أنّى ارتحلتْ
هلّا بأحلامي مررتْ؟

******

صفّارات الإنذار لا تنتظر أحداً
المكان لا يأبه برائحة الموت
وهشاشةِ عظام المذعورينْ
قولي لي أي الأغاني تفضلينْ؟
أجننتَ؟ إنها الحرب يا هذا؟
لا.. إنما أنتصر على قوافل حزني بالموسيقى
وعلى أوراق التوت بعورات المهزومينْ.

******

بحثتُ عنكَ في الأماكن القصيّة
في بلدان لا أدركُ عواصمها

على طرقات لا أعرف خطواتها

في فناجين لا أفهم رموزها

ثقي بي يا سيّدة التمني واضطراب اليقينْ

أنا عرّافة وأمي عرّافة منذ مئات السنينْ

ستمشين إليه على ألسنة الشموع

حتى تذوبين قطرةً قطرةً كعيون الانتظار

لكنك ستصلينْ

إلى ذلك الكون المليء بشيءٍ مِن شيء

ارفعي إبريقكِ أعلى من إبطيكِ واشربي

اشربي حتى ترتوينْ

قليلاً ستنهضين من العطش أبهى

طويلاً طويلاً سوف تبحثينْ.

******

التذكرة سيدتي!

لا شيء أطهر من دموع الاشتياق

في المساءات الحزينة

يحترق الوقت بخطيئة المسافات

ويختمر الليل بالضحكات القديمة

أصبحتُ اليوم عتيقة كحروف الأبجدية

وأشباهي الأربعون خيولاً جريحة

لا أريد طعاماً يرقّع جوعي إليكَ

ولا شراباً يأخذ عطشي ويمضي

أريد قصيدة لا تشبه القصائد

أقطع الطريق إليها حافية من وجعي

وأقترف الانتظار.

******

التذكرة سيدتي!

أخبرني قصة جميلة قبل أن أخلد إلى النوم

قصة لا تنزف فيها أقدامُ الحصّادينْ

ولا يكون الرغيفُ فيها ذلَّ السائلينْ

أخبرني قصة لا حروب فيها

ولا زوارق تلهو بأرواح المهاجرينْ

أخبرني قصة لا تفترس فيها مستنعِجاتُ الذئاب
أحلامَ الشرفاء والمستضعَفين الصالحينْ
ولا تخون الأوطانُ فيها أفئدةَ أبنائها الصابرينْ
أخبرني قصة تشبه عودتكَ وانتظاراتي
لأستيقظ بثوبي الأبيض وسكينة المطمئنينْ.

******

التذكرة سيدتي!
في الكون قلق وأرق وطاقات ثقيلة وضجيجْ
الطريق تحملق في قدميّ الحافيتين
لا شيء يثبت أنّي مررت من هنا
لا مبتدأ تأخر ولا خبر تقدّم
ولا جارّ ولا مجرور
وما أنا سوى الغريبةِ في دياري
وما أنا سوى القصيدةِ في بكائي
وما أنا سوى قطبةِ الخوف في النسيجْ
ضجيجٌ... ضجيجٌ.. ضجيجْ

طوكيو! يا دهشتي الجميلة
وتوهُّج الكرز في عينيّ
لا تسأليني من أكون
أنا كثيرةٌ كرائحة الأرض..
كالشّوك.. كالحروبْ
كالقتل.. كالندوبْ
ككبائر الذنوبْ
أنا قليلةٌ كالحظّ سخيّةٌ كالنشيجْ.

******

بردٌ..
والثلج إلى جانبيّ القطار صامت لا يتفوه
ناداني الوقتُ تعالي غداً
اليوم حرب وهاوية
وقميص الليل موشّى بالدماء الجارية
بجراح التراب وتجاعيد الرغيف
كاد ذا العمرُ أن يلفظ الأنفاس

الصحف اليومية تدخّن أوراقها

وعلى انفرادٍ تشرب قهوتها الصباحية

جفّ الكلام في العناوين الرئيسية

دمارٌ.. دمارٌ.. دمارْ

وأشرعة الرحيل تفتح قمصانها لملح البحارْ

للريح القادمة علينا كالطاعون

مشطتُ شعري فتساقطت منه الفصول

وفاحت منه رائحةُ البارود

يا بعيدَ الأيام

إني ظمآنةٌ خذني إلى إبريق ماءْ

مضى مني الكثير الكثير بلا انتماءْ

كتبتكَ في نصوصي الفكرةَ الأجمل

والعطرَ المنهمر على جيدي كألف سؤال

فمتى؟؟

متى يا بعيدَ الأيام قُربى اللقاءْ؟

******

التذكرة سيدتي!

أهديتُ دمعتي الأولى إلى خدّيكَ

لا شيء أقسى من أقدام الحنين

المجرورة بحروف الجر إلى الرحيل

ما كانت لغة واحدة تلك التي أتقنتُ وأعيدْ

لغة الأوطان الحبيسة

لغة القمح على موائد العصافير

والوجع في مواويل الجبل البعيدْ

الوقت نحيل وفقير وزهيدْ

نحيل وفقير وزهيدْ

يا كثيراً ما أعطيتكَ إلا قليلي

وزّعْ على رؤوس الجبال صداعي الشديدْ

إني قد بلغت من القَحط عتيّا

وامتصت الشموسُ ألواني البهيّة

لا أُشبهني إلا حين أنشر على الشرفات مجازي

ليعرف الكونُ كم عشقتكَ في اللغة العربيّة

لكنني سقف مستعار وكوخ قديم
ورسالة حب خائفة مطويّة
طوكيو!
يا أخضر الماتشا في خيوط أفكاري
يا انتظاراتي الورديّة
سمعتُ صوتَ الحرير يدغدغ شِعري
فجئتكِ هرولةً بأقمشتي الدمشقيّة.

******

التذكرة سيدتي!
المقصورة الثانية
الطابق السفلي.. بررررد
ما أوجع صباحات لا قهوة فيها!
كيف أكون بخير أخبرني
يداك باردتان حول انتمائي
وأنا أتعثر بملامح وجهي
وأحدّق بأنفاس السجائر على أطراف الجريدة،

«قفا نبكِ»! لا أحب المراثي
ولكني حزينة وقليلة مفرداتي وقصيدتي وحيدة
سألتكَ يوماً: لماذا تختصر ضحكتكَ الزهيدة؟
قلتَ: أخبّئ نصفها ليوم لا ضحكة فيه،
أَوَ كنتَ تعلم كم سيوجعكَ الجلوس
على مقاعد الرحيل البعيدة؟

******

أحتفل اليوم بمرور مائة بيت
على قصيدتي الطويلة
مواقف السيارات مجانية
المتاحف مجانية
الحدائق العامة مجانية
وكذا القطارات والحافلات ومترو الأنفاق،
لي مائة بيت ولا دار في الشتاء تؤويني
اقتربي أيتها المدفأة من قدميّ قليلا
أسمِعيني في جوف الحطب ناراً وصهيلا

سعالي خفيف
لكن عظامي عاصفة من وجع
وأنفاسي على صدري ثقيلة
متحورٌ يشهقني إلى تجاويف بردي وخوفي
ويطحن أفكاري جملة وتفصيلا.

******

التذكرة سيدتي!
هكذا أصل إلى أسمى درجات القلقْ
تحاصرني ملامحُ وجهي المنقبضة
سأشتري طمأنينةً بكل ما أملك من خوف
أشبه كل ما حولي ولا شيء يشبهني
وأجمل ما في عينيّ متاهات عينيكَ
وأجمل ما في خديّ قبلة شفتيكَ
زرعتَها كشتلة حبقْ
كحفنة عطر ارتديتُه طويلاً وانتظرت
على مقعد حجري في حديقة ورديّة

مرّت بضلوعي قوافلُ الخزامى
لكنها لم تكن أنتَ
ألقيتُ عليها تحيةَ الغريب
فتركتْ على نافذتي مزهريّة
وهمزةَ وصل وحروفاً ساكنات
لكنها لم تكن أنتَ
نذرتكَ لقهوتي المرّة قطعةَ سكر
من هنا تبدأ الحكاية
حكايةُ صيفٍ خبيئةُ الأعناب
كم تبقّى من الطريق إليكَ
وبعضي قَلقْ
وبعضي اشتياق
وبعضي يبحث عن بعضي
في مكان لا يتسع لأبعاض؟
ركامٌ من المسافات على جسد الطريق
حسبي أنه ما زال في كأسي رشفة توت طريّة

أقرمز بها شفتي الشاحبتين

لطالما أحببتَ الأحمر على شفاهي القرمزيّة

وطلاء أظافري

وعطر أوبيوم سان لوران على شالاتي الحريريّة

لكنني نسيته في ساحة التروكاديرو

كنتُ أشتري الجريدة اليوميّة

وزجاجة ماء من كشك صغير

على كتف الساحة

كانت الجريدة ثقيلة على راحتيّ

حروب.. حروب.. حروب

باردة ساخنة

علنية سريّة

تقليدية وشبه تقليديّة

وأنا الساذجة الوفيّة

لبيوت شِعرٍ رقيقة رومانسيّة

لشرفاتٍ تتنفس عند الفجر عطور الوردة الجوريّة

ويا عطش.. يا عطش!

******

التذكرة سيدتي!

هكذا يمضي الرغيفُ محمّلاً بالوجع

الوقتُ يُسَلْحِفُ في القطار السريع

وأفكاري تنقبض وتتمدد

أضع في أذنيّ سماعتين صغيرتين

وألقي برأسي خطفاً إلى الوراء

تنضج ألحانُ أغنية قديمة..

قديمة كالهروب

كنزهات المراهقين ومعاجم متفرّدة بالحُب

ثمة فراغ يطمس أنفاسي

يدوس على رئتيّ بكعبه العالي

وأعوامي قادمات بألف خوف وقلق

ما عدتُ أنا

وما عاد ذا الهواء ينقل أحباقي إليكَ

ربما أصبحتُ عتيقة كإكليل الجبل

كشتاءات السنجاب العجوز،

على أكتاف الحروب العبثيّة

رائحةُ البارود عطرُ الأشرار

الموت.. الموت.. الموت

يتدلى من كل مكان

فاخلعوا وجوهكم أيها القانطون

إن الموت آت.. إن الموت آت.

******

بردٌ..

لا شيء غيره يجدل عواءه على السكّة الجليديّة

الدّين ممنوع

والعتب مرفوع

والحاجة التي تُباع لا تُرد ولا تُستبدل

الرجاء عدم الإحراج

سيدي!

تورطتُ بالأمس بشراء أسطورةٍ

فهل لكَ أن تسترجعها مني

وتعيد لي ثمنها نقداً بعملةٍ صديقة؟

أوَ لا ترين اليافطة أيتها العجوز العتيقة؟

بلى.. بلى بُنَيّ، لكني هرمت

وما عدت أقوى على حَمل الأساطير اللفيقة

أيها الحراس!

اقبضوا على هذه الخرفة الصفيقة

بتهمة المس بالأساطير

ضعوها في مكان جاف

بعيداً عن متناول الحقيقة!

******

التذكرة سيدتي!

يستضيفني عقلي في عوالم مفتوحة

عوالم لا زمان يسجنها ولا مكان

هكذا أصبح طليقة الروح

«هنا» أكبر من المكان

«الآن» لا زمان يتآمر

و «غداً» دقات قلبي السريعة

هكذا أرفرف على حبال الغسيل

كفساتين الحرير الرشيقة

تلك هي أنا نظيفة تحت الشمس

أنا الأخرى المليئة بنور الحُب

لا هوية ترسم حدود خارطتي الجينيّة

قد رفعت سقف سكينتي

وأعلنت التمرد على ضجيج الحروب.

*****

المقصورة الثانية..

في القطار تتعاقب الفصول

اليوم خلعتُ أوراقي الصفراءْ

ودخلتُ حرم شتاءاتي حافيةً كالماءْ

أخرجتُ الدفتر الليليّ من حقيبتي

وبدأت أكتب واجباتي المدرسيّة:

باسمٌ ورباب:

باسمٌ في الحقولْ يبذر البقولْ

ربابٌ في المنزلْ تطهو وتغزِلْ

باسمٌ في البستانْ يقطف الرمّانْ

ربابٌ في الدارْ تطعم الصغارْ

باسمٌ في القاربْ لاجئٌ هاربْ

ربابٌ في الوطنْ وهنٌ على شجنْ

باسمٌ يغرق

الوطن يتساقط

ربابٌ في الحقلْ تنتظر لمَّ الشملْ.

******

التذكرة سيدتي!

نسيتُ أن أخبركَ

أنني أنشأت صفحة على الفيسبوك
وأن أصدقائي كثرٌ وكثيراتْ
عشراتُ آلاف الحروف من أبجديات اللغاتْ
وقصائدُ من كل البحور والنثور وأحرار القافياتْ
ما سألتُ يوماً أحداً عن دين أبجديته
ولا على أي مذهب ينظم قصيدته
فلماذا يتساءلون عن دين لغتي
ومذهب قصيدتي وطائفة جُملي
وما أُركّب وما أُفكّك وما أصوغ من مفرداتْ؟
ولماذا يتحتم علي أن أُناور وأُداور
أو أجيب مرغمة وأَجْزِل التبريراتْ؟

******

المصارف تنهار!!
حساباتنا الجارية أُقعدت عن الجري
وحسابات التوفير تجمّدت من شدة البرد،
كيف سنشتري لأحلامنا الطائرة ريشاً

ولموج البحر قفطاناً أزرقَ

ولعيون الصبح رغيفاً جميلا؟

متعَبٌ ذا الرغيف الأسمر

وجبينه ضيّق

وقطافه صعب

وسواعده داكنة منهكة ثقيلة

كلما شاخ قمحُه يبسنا به

وأطلقت تجاعيدُ القرية المَواويلا..

المصارف تنهار!!

******

التذكرة سيدتي!

المقعد العاشر تحت الصفر..

كاد ذا العمر أن يتلاشى..

انتظرتكَ جملةً مبتدأها منكَ وخبرها مني

فأتيتني حرفاً كالحاً نحيلا

ناضلتُ يوماً كي أرتقيكَ لغةً جميلة

تقرع باب القصيدة بجنون الريح

وتطلق في العراء أسرابَ المعاني

وأصابعَ الدهشة المستحيلة

كم كانت قامتكَ قصيرة

وقامة أحلامي ممشوقة طويلة!!

٭٭٭٭٭٭

يا بعضَ ما تبقّى من أنفاس الطِّيب

انثرني إلى ترابٍ بعيدٍ لا أقف عليه

«مطر.. مطر.. مطرْ»

سأعتذر عن كل المواعيد

وأرتّب انحناءات روحي في حقيبة سفرْ

«مطر.. مطر.. مطرْ

بالنعمة انهمرْ

بالعشب والثمرْ

تهلّلي يا أرضنا السمراءْ

واستقبلي هدية السماءْ»

أجب عن الأسئلة التالية
بما لا يقل عن دمعتين:
ما هو لون المطرْ؟
أين تقع أرضنا السمراءْ؟
لماذا رحل التراب
ومن أيبس العشبَ وسطَا على الثمرْ؟
«مطر.. مطر.. مطرْ
بالنعمة انهمرْ».

******

التذكرة سيدتي!
أغلقتُ الباب خلفي..
أسئلة كثيرة تتجول في صندوق رأسي:
هل حقاً كنتُ؟
وبأي لغة نضِجتُ؟
ومع أي الأفكار تآلفتُ
ومع أيها تخاصمتُ؟

وبمن تجددتُ؟

وإلى من احتكمتُ؟

وهل حقاً حقاً كنتُ

معرفةً تنكّرتُ أم نكرةً تعرّفتُ؟

******

أغادر المألوف ذات مساء

صوتٌ يأمرني بالتوقف عند أوّل نقطة تفتيش

يفتشون بصلَفٍ محفظتي وجيوب أفكاري

من أين تأتين يا هذه؟

مِن حي المألوف

وإلى أين تتوجهين في هذه الساعة من الليل؟

في طريقي إلى المجاز البعيد

ولمَ كل هذا الانزياح؟

لا أحب النمطيّة

من يسمم أفكارك أيتها الجنيّة؟

من يقف خلفك؟ من يموّل تمردك؟

من أين تحصلين على المساعدات اللغويّة؟

هي اللغة الولّادة يا صاح

أوَ تشبّين عن طوق الموروثيّة؟

أيها الحراس!

ضعوها في سجن النحو والإعراب

كبّلوا يديها وساقيها بالقوافي

راقبوا أفكارها فكرةً فكرة

لا تسمحوا للعُدول بزيارتها

لا أقلام.. لا أوراق.. لا محابر!

سنقطف الليلة رأسَ المجاز بسيف النمطيّة.

******

التذكرة سيدتي!

وأنتَ في الطرف الآخر من الكون

أعانقكَ بقصيدة أسمّيها: ذراعايّ والهواءْ،

تأخرتَ كثيرا حتى اصفرّ جبينُ اللقاءْ

وها أنا ذا سيدة الانتظارات الطويلة

والمسافات الفارعات

والقلوب المتعبة الثقيلة

كم سنة...

إياك أن ترتكب يوماً حماقةَ سؤالِ امرأةٍ

عن عمر انتظاراتها النبيلة!

******

تثقلني الأماكن

تشهر سيفها في وجوه العصافيرْ

وتملأ أزقة المدن الحزينة

بشهيقٍ قابضٍ لا يتلوه زفيرْ

قتلى وجوعى

وأظافرُ تُطلى بدم البريء ودموع الفقيرْ

وخِرافٌ جُزّت أصوافُها

وتُركت للنذور لا راعٍ لها ولا نصيرْ

أسند رأسي إلى درب التبّانة

على الطريق اللبنيّ رضيع يبكي

ما يبكيكَ يا صغيرْ؟
مُسَوَّرٌ بجوعٍ يحرث عظامي
وقطّاعُ الطريق يلعقون لبني الغزيرْ
والعالمُ يخفي الشَّيبَ بلعابه
وأصحابُ الضمائر مبصرٌ يخشى وضريرْ.

******

التذكرة سيدتي!
نسيتُ أن أخبركَ أنني غيّرتُ قهوتي
ما كان قرار الرجوع عن الأبدية سهلاً
ترددتُ أميالاً إلى أن وصلت
«سأحبكِ إلى الأبد»
قلت لها يوماً على شرفة صباحٍ أنيق
واليوم أكسر وعداً قطعته بحنجرتي
احتفظتُ إلى يمينها بكأس ماء بارد
وإلى يسارها بمكعب سكر
ورسالة اعتذار موقّعة..

لا أذكر ما كان اسمي الذي ذيّلت به

لا شيء يدوم

حتى الأسماء لا تدوم

والأرقام والعناوين ومزاج البُن والحُب..

لا شيء يدوم.. لا شيء يدوم.

******

باريس! يا قارورة عطري الثمينة!

يُدنيني منك يا بهيّتي شبهٌ

فابرقي بي كي ألتمع من وهج عينيكِ

وامطري فوقي كي أنبت من غيث رئتيكِ

واعصفي بخصري الراقص مع الريح الغجريّة

فما زلتِ أنيقة وشهية

وما زلتُ رشيقة ودافئة وفتيّة

وما زالت قصائدي قميص السين الأزرق

وصباحاتي زوارقَ عشقٍ

ومساءاتي في حضنكِ ليلكيّة،

باريس! يا قارورة عطري البهيّة!

******

بررررد...

وبعضي غريبٌ

وبعضي قريبٌ

وبعضي قُتل في معارك إيديولوجيّة

وبعضي خان انتظاراتي

ورحل دون أن يترك وصيّة

وبعضي حروف ما عادت تنطقني

ولغات ما عادت تعرفني

أنا جفاف الحبر على القصيدة الأزليّة

التذكرة سيدتي!

أنظر في المرآة

أرفع عن وجهي بصمات عينيكَ

وعن فمكَ ضحكات شفتيَّ

وأكبُر في المقعد العاشر تحت الصفر

ألف سُباتٍ شتويٍّ ومائة سنةٍ ضوئيّة

وأعود إليكَ محمّلة بتيهي

فهلّا تعرفتَ على ملامحي الحجريّة؟

******

التذكرة سيدتي!

نسيتُ أن أخبركَ أن شهور السنة تراجعت

وارتفعت أسهمُ الأيام العجاف

وأقفلت الدقيقةُ على ستين حولٍ من الوجع

سأشتري ساعة جديدة تطوي تكّاتُها ملامحي

وسأضبط مواعيدي خارج سطوة الزمن

لست أدري إن كنت ستعرفني بحلّتي الجديدة

بقبعتي المدبوغة بأزرق الكدماتْ

وقامتي الممشوقة بأصفر الخذلان

وعكّازةٍ مائيّة تسندني من مرِّ الخيباتْ
ولن أبكي على الزمن المسكوب على الطرقاتْ
فلا تبحث عن امرأة بعينين حمراوين
هذي أنا..
هذي أنا يابسة على الدمعاتْ.

******

سرق الظلامُ قمحي وطحيني
ونام على الطوى صغيري
غداً يُعرب الكون عن بالغ القلقْ
ويندّد بأشدّ العبارات بمن سرقْ
ثم يُعدّ لفطورِكَ ياصغيري دقيقةَ صمتٍ
ويناشدكَ بالتروي وضبط النفس
في حضرة الجوع والعطش والبؤس والغرقْ
وغداً..
غداً يرسل لكَ مضادَّ أرقْ

كي تنام جائعاً هانئاً

ولا يشعر الكون بالقلقْ،

عمت مساءً سيدي الظلام!

******

التذكرة سيدتي!

«ادفنوني حيث أغادر جسدي»،

كتبتها في وصيتي الأخيرة

كان عمري يومها «لا أبالي»،

لستُ لي ولستُ لأي تراب

كل الأماكن التي لا تدخلها الشمس تتشابه

أما أرواحنا فتلك حكاية فريدة

لا يتسع لنورها ضريح

ولا يسجنها زمان ولا مكان

امتلأت أباريقي منك أيتها الحياة

وضاق بفيض تفاصيلك قلمي

يا أيتها الملأى بشيء من كل شيء
يا كثيرةً وأنا القليلةُ القليلة
تعالي معي إلى حيث السكينة
تعالي معي إلى النفس المطمئنة.

******

التذكرة سيدتي!
لرمل البحر حكاية مع قدميّ
يعرف خطوط الطول والعرض فيهما
ويحفظ عن ظهر قلب خارطتهما الجينيّة
يجرّهما إلى حيث طاقة الشمس ولهفة المراكب
تسكنني أغاني البحر ونشوةُ الصيّادين
أراقب الموج
أنصت لهديره المغسول من الخطايا
كم من الملح نحتاج كي نغتسل من الوجع
وكم من الموج كي نتوضّأ من الرزايا؟

******

بررررد...

لا أعرف من أين يجيء وأي لغة يتحدث

ما جنسيته، ما عرقه، ما لون عينيه،

ما عدد أصابع قدميه

لا أعرف شيئاً عنه

أعرف أنه برد وأنني أعاني

وأعرف أنني لا أعنيه وأنه لا يبالي،

هل البرد رجل أم امرأة؟

هل يشعر مثلنا بالبرد؟

دثريني أيتها الأيام من انتظاراتي

من سجائر دخّنتها

ودست على أعقابها في آخر محطاتي

دثريني من رهبة انفراداتي

من قصائد تستحضره بقوة في قطاراتي

دثريني من روحي المنسلخة عن جسدي

ومن أخطر أخطر أخطر احتمالاتي...

بررررد.

******

التذكرة سيدتي!

الأحجام التي تراها لا تمت إلى الحقيقة بصلة!

أين تسكن الحقيقة؟ في أي حيّ وأي مدينة؟

ما حجمها؟ ما لونها؟

من سمّاها ومن ربّاها؟

من زكّاها ومن دسّاها؟

ونحن الهاربون من كل الفصول والمواسم

إلى أي حقيقة ننتمي؟

أيتها الحقيقة الحلوة المرة

الحامضة اللاذعة

الطازجة القديمة

لا ترفعي سيفك في وجوهنا

فنحن الأحجام وأنت الحقيقة.

******

لا تجيد الورودُ المكوث بيننا نحن الأشرار
ألوانها وشموسها آفلاتْ
لا روح أطهر من روحك أيتها الوردة القديسة
اصعدي إلى هناك
إلى حيث تعصر العطورُ قمصانَ الغيماتْ
اغسلينا بدمعها من خطايا التراب
فنحن يا قديستي حسراتُ الحروب
ضحايا الأنا
وأبناء المسكّناتِ المهدّئاتِ المنوّماتْ
اصعدي واخبريني ما تجدين هناك
فأنا اليوم هجينة وحقيقية ومصطنعة
مندمجة ومنصهرة وغريبة ووحيدة
مسافرة وذائبة الوصول.

******

توتر عالٍ.. خطر الموت
ولستُ سوى جمجمةٍ وعظمتين متصالبتين

فتّشوني إذا أخذكم بي الظن
فتّشوا أحلامي الخائفات النائمات
حلّلوا سعالي من ارتجاع المريء
لن تجدوا فيه تُخمةً ولا لحماً ولا هدرا
ولن تجدوا فيه ذهباً أبيض ولا أصفر
ولا غازاً ولا فحماً ولا ماساً ولا نفطا
ولستُ سوى جمجمةٍ وعظمتين متصالبتين
وأقسم أنني لا أعرف من سلخ جمجمتي
ومن صلب العظمتين
وعلّقها على باب المدينة الحزينة.

******

التذكرة سيدتي!
يعلن القلبُ عن حضورٍ بلا مقدماتْ
دقّةٌ.. اثنتان.. يتقدم على استحياء
ألم تمت يا هذا الذي أسميتكَ قلبي؟
بلى.. لكنك نسيتِ في غمرة المراثي أن تدفنيني

أخبرني عن رحلة الموت

عن اللون الأبيض في أبدية السمواتْ

عن الموتى الذين التقيتَ

عن المسافات المندمجات المؤتلفاتْ

حدثني عن الفراغ المطلق

عن السكون والسكينة

عن اللغة والصمت

حدثني عن اللا انتظاراتْ

آه يا قلبي! ما أطيب النوم بلا انتظار

وما أوجع أحلامي المتعَباتْ!

******

بغفلةٍ مني انتهيتُ

كما الحارات الشعبيّة

وأسوار المدن العتيقة..

انتهيتُ كما الساعة الناطقة

وحقيبة ساعي البريد والحكواتي

والبائع الجوّال والهواتف الأرضيّة،

بغفلة مني أدمنتُ اللاشيئيّة

ليتني ما حملت اسمي معي

على متن رحلة بلا أسماءْ

ليتني ما رأيتُ وما سمعتُ وما شعرتُ بسخاءْ

ليتني ما اعتمدتُ المكانَ وحدةَ قياسٍ

في كل ميلٍ قطعته إليه

أصبحتُ وارفةً بالضياع

بفقدان تفاصيل خارطتي الجينيّة

لا شرقيّة عند بواكير الصباح

ولا أمسيتُ بعد غياب الشمس غربيّة.

******

نسيتُ أن أخبركَ أنني غيّرت عنواني

كل الرسائل التي لم ترسلها وصلتني إليه

إلى صندوق بريدٍ جمعتُ فيه طوابعي الافتراضيّة،

التقيتُ نفسي في حديقة هيبيا في طوكيو

كنت أجمع لقصيدتي وروداً يابانيّة
ولرسائلكَ طوابع كرزيّة
تدفقتُ كضحكة طويلة.. كأرخبيل
هناك عثرت على أصابعي تعشّب الفضاء
وتحرّكُ النسيمَ العذب بملعقة خشبيّة
هيبيا! يا فرحة الماتشا
ولهفة العشاق وشغف النزهات الربيعيّة
تشرفت بمعرفتك أيتها الحديقة العجوز الفتيّة
وتشرفت بلقاء نفسي تشرب الشاي
وتبحث في عيون الحمام عن هويّة.

******

وأنا في طريقي إلى الحياة
تساقطت من جيبي سنواتٌ لم أعشها
عدت أدراجي كي ألتقطها.. ما وجدتُ الطريق
سألتُ المارّة: أين الطريق؟
قالوا: مات أثناء الحرب..

بعثرتني رائحة المكان

للموت رائحة ليست تشبه الرحيل

رائحة خلٍّ تشد وثاقكَ إلى جذع الحياة

وترغمك على استنشاقها ما حييت

كان الضباب كثيفاً على كتف السفوح

نصفُ ضحكة تنجو ودمعةٌ تستجير

ويتيمٌ يغرف بعينيه قطعةَ حلوى في يد الغريب

ورائحة الخلِّ، تفاحةُ الخطايا،

تكشط وجه الفضاءْ

تقطع أنفاس الهواءْ

وتعيد تشعيب الطريق.

******

التذكرة سيدتي!

كم ظننتُ أنني شجرة الزيتون الخضراءْ

وأنني العصية على فؤوس الشتاءْ

وأن احتباس الكون يسترخي بقصيدةٍ

يتمنى لو نظمها كل الشعراءْ،

لا حضور يا سيدي يحتوي فيض الغياب

سأشرب قهوتي الصباحيّة

على شرف الغياب

وأنثر قصيدتي العموديّة

على شرف الغياب

وعلى شرف الغياب

سأضرم نار جنوني في كتب التاريخ

كي تتنفس الحقيقة،

ولو لدقيقة،

ما تبقى في الوجود من هواءْ.

******

منحفض جوي

توالي درجات الحرارة انخفاضها

مع احتمال تشكل الصقيع على المرتفعات

كافة الطرق الفرعية مقطوعة بسبب تراكم الثلوج

الطرق الرئيسية سالكة بصعوبة

أخي السائق

تأكد من كفاءة مركبتك

سلامتك تهمنا،

وهذي أنا أنتظرك على شبّاك القصيدة

على المسافات المتخيلة بيني وبين الدفء

كيف للصقيع أن يقامر بالفصول ويعبث باللقاءْ!

انقطاع التيار الكهربائي يطفئ منارة روحي

يا الله! متى ينتهي هذا الكابوس؟

أحبكَ رغم أنف الصقيع

يا كلّ أدوات التمني وحروف النداءْ.

******

نسيتُ أن أخبركَ

أن الضمائر من خجلها استترت

والمتصلةَ منها انفصلت

و«الهُنا» مثقلةٌ بالبعيد

و»الهُناك« شغوفٌ بالرحيل

والكونَ مُسيّجٌ بالفراغ

وطافحٌ بجراح المدن الحزينة..

دنوتُ من نفسي إلا قليلا

إني أراها طاعنةَ الملامح معمّرةَ الجنون

أوَ كانت شتاءاتي تستحق مؤونةَ الانتظار؟

******

لا جديد..

ما تزال روحي هائمةً في الفضاءاتْ

غيبٌ ومجهولٌ وأسئلةٌ وتساؤلاتْ

ونسيجٌ كونيٌّ مسكون بالخوف والقلق

وهوية موجوعة وأرواح مُكبّلاتْ

المصارف تنهار..

لا تشبه الأوطانَ تلك العملاتْ

لا تشبه الرغيفَ والوعود وأدوات القَسَم

لا تشبه الأمعاء الخاوياتْ.

******

ما أبهاك أيتها السماء هذا الصباح!

سأفرح اليوم بأبذخ ما استطعت من نسيان

هناك على بُعد ذاكرةٍ أرض مجعّدة بالموت

ضيّقة كرغيف الخبز واسعة كالفراغ

يمشي فيها الأموات على الأرصفة

مخافة أن تدهسهم عجلات الحياة

هناك على بُعد ذاكرةٍ

أشجار لوز مقطوعة السيقان

وعصافير تحدق في وجع السنبلاتْ

هناك على بُعد ذاكرةٍ أنا..

أنا المتحدرة من كوابيس الحروب

من ترهلات الروح

من أقسى المفرداتْ

سأفرح اليوم بأبذخ ما استطعت من نسيان.

******

التذكرة سيدتي!

اعذرني! لا وقت لدي

منشغلة بحلّ الكلمات المتقاطعة

في الصحف اليومية

ساعدني سيدي إن استطعت سبيلا:

مدينة من أربعة حروف لا يفارقها الخوف

مدينة هرمت في حالة انتظار

مدينة نسيت كلمة المرور إلى الحياة

مدينة نزفت فما أبكت عيناً

مدينة جاعت فما أوجعت ضميراً

النور الأكثر عتمة

الأقفاص الأكثر حرية

العصافير الأضيق فضاء

الكوكب الأكثر تشرداً

الأفكار الأكثر مبيعاً

الرقم الأكثر تطيّراً

القلق الأثقل وزناً
البحر الأصخب غرقاً
الوجع الأكثر ذلّاً
العَرَق الأشد نبلاً
ساعدني سيدي
إن استطعت لأحجيتي سبيلا!

******

لا شيء تغيّر.. لا شيء يبرحْ..
ما زال الشقاء يحاصرني
أعطش والماء ملكي وليس لي
أجوع والقمح ملكي وليس لي
وأنا ملكي ولست لي
معمّرةٌ في حبال الوحدة
أنشر عليها قمصان الضجر
لا شمسَ تلفحْ
لا ريحَ تخلع بالشوق بابي

لا شبّاكَ يفتحْ!
ما كنت أعلم أنني سأكون يوماً
نقطةَ ماء في سقف وطن يرشحْ.

******

ترددتُ كثيراً قبل أن أخبركَ
أن الغابات تلتهب بأثوابها الحمراءْ
أسمع ارتطام جثامين أشجارها بالأرض
وأرى النار تشوي فوقها جبهة الفضاءْ
أعلم أن النار ندبةٌ في وجه القتيل
وأن الحريق يوجعكَ حد البكاءْ
لكنني أحتفظ بحدائقكَ داخلي
وأنتصر بضحكة عينيكَ على غضب الحريق.

******

برررررد...
وهذا أنا أتجعّد بالصقيع
أتدثّر بذاتي.. بمعطفٍ أَسْخَنْتُه بالقلقْ

سأنهمر في مكاني
وأعتزل التفكير والتحليل والقلم والورقْ
في كوكب يخضوضر بالموت،
بررررررد...
ودمي يئن وثالثنا القطار
له رائحة نفّاذة تشبه كلمات الوداع
وعينان ثقيلتان متعبتان كمرثيّة
هكذا بين صباح ومساءْ
أغيّر عنواني وخصوصيتي اللغويّة
الضّاد يا زرقة الفجر في عيون الأبجديّة
كلما تلفظتُ بكِ
تفتّحتْ على شفتيّ زهرةٌ حمراءْ
وألفُ تفاحة سكريّة.

******

ما أطول الطريق إليّ!
خرجتُ منذ معجمٍ ولم أعد

كنت أرتدي استعارةً مكنيّة

ونظّارة قمريّة

وأمشي خفيفة بلا قافية

لم يعثر علي أحد

ولم يبحث عني أحد

وبقيتُ هناك

حكايةَ رجوعٍ وحكايةَ انتظارْ

حكايةَ أرضٍ وحكايةَ قطارْ

سكنتُ نفسي فازداد خوفي

فسكنتُ المفردات الشقيّة

لغّمتُ حدائقها بالقنابل اللغويّة

فجئنني على استحياءٍ يطلبن زادا

بديعاً وبياناً ودهشةً وارتيابا..

وكنتُ أنا

وكان عمري يومها قصيدةً نثريّة.

******

كان لي فضاء بعينين واسعتين

وقصيدة وقمح ورغيف،

كان لي صبح يقرع بابي

وليل وأحلام وقناديل،

كان لي سنة تحمل أيامي

وأربعة فصول وشغف الانتظارْ،

كان لي اسم وعنوان ووجه ترابٍ

ودفتر مواعيدٍ وقرارْ،

كان لي أنا وكنتَ أنتَ لي.

******

برسم البيع:

أقدام الحفاة

عيون الجوعى

قمصان العراة

خُطانا التي انتظرناها طويلاً

وما حملتنا إلى حيث نشاءْ

محابرنا التي لم تكتب قصائدنا
وساداتنا التي لم تشهد أحلامنا
وذاك الظلام الغزير في مملكة البكاءْ
اخفض صوتك حين تمر بوجعي
اخلع نعليك حين تدوس قبري
يا حسرة التمني ويا غصّة اللقاءْ!
******
ترددتُ طويلاً قبل أن أخبركَ
أن التجاعيد طوت وجهي
وأن بعضي يغادر بعضي
وأني فقدت متعةَ الانتظارْ
وشهقةَ التمني
وحلمَ الانتصارْ،
ترددتُ طويلاً قبل أن أخبركَ
أنني أصبحتُ سواي
سكنتُ الأماكن البعيدة وسكنني مثواي

أتاني الوطنُ يوماً فما وجدني

«حضرتُ ولم أجدكِ»

ترك لي حفنةَ تراب لا تكفي لقبري

ورحل إلّاي.

******

أين أنتِ؟

في القطار السريع إلى لا أدري

أما زلتِ ترينني بعينيكِ القديمتين؟

لم أحدّث برامجي مذ التقينا..

ملأى برائحة الورود البريّة

حين ترتدي وجنتاي كفيكَ

ملأى برسائلكَ

حتى أصبحتُ أجمل الطوابع البريديّة

يا قطعة السكّر قبل أنظمة الحميات القسريّة

ما زلتُ أشرب قهوتي معكَ كل صباح

وما زالت حلوةً ودافئةً وشهيّة

لا شيء أبقى من عينيّ القديمتين
ومن عينيكَ الضاحكتين على شاشة محمولي البهيّة.

******

لا أذهب أبعد من ضحكتي الأولى معكَ
من شهقة فرحتكَ بعطري السخي
تعلمتُ يومها الطيرانَ إليكَ
كان قلبي يخفق زهواً وحبقاً،
في حدثٍ عادي
أنجبتني أمي كما ملايين الأمهاتْ
لكن الحُب وثّق ميلادي
فأصبحتُ مرجعاً تقتنيه المكتباتْ
وقصيدةً حرّة يتهاداها العشّاق في عيد الحُب.

******

أطلق الجوعُ لحيته وجاب الطرقاتْ
يتفقد أفواهَ أبنائه وأمعاءهم الخاوياتْ
اذهبوا إلى قبوركم خفافاً كريش الحمام

قد حيكت أكفانُكم من أكياس الطحين

ذوبوا..

ذوبوا في التراب النبيل أيها الفقراء

حتى تُولدَ الأرضُ من جديد.

******

إلى كل بندقيةٍ تحمل آساً إلى حسرات المقابر

إلى كل خطّاطٍ يعطي الأضرحة أرقاماً لا أسماءْ

إلى كل مديةٍ تقطع الزّاد عن أكفّ الجائعينْ

إلى كل سجّانٍ تكتمل رجولته بنقصان السجينْ

إلى كل حصّادٍ يستقوي بمنجله على سنابل البسطاءْ

إلى كل منديلٍ يمتص ظلماً عرق الفلاحينْ

أكرهكم..

******

التذكرة سيدتي!

أغمض عينيّ..

صفيرُ قطارْ

وانتظارٌ باذخٌ ما بعده انتظارْ
لا أريد أن أموت رقماً
وكل ما حولي يستعصي على الحياة
أخفقتُ في رتق المسافاتْ
أخفقتُ في رثاء الصمت وحِداد الورق
وكفارسٍ مهزومٍ جرجرتُ الخطواتْ
بررررد..
وهذا أنا أتجعّد بالنعاس
لا سريرَ أدفأ من عينين مغمضتين
على عناق طويل وذكرياتْ
وضحكة أطول عمراً من الفراق
لا أريد أن أموت رقماً
في حساباتٍ لا جِمال لي فيها ولا ناقاتْ.

******

هذي أنا.. صخرة سيزيف الأزليّة
أنين جلجامش وأنكيدو والبكاءْ

هذي أنا.. موّالٌ جبليٌّ أنهكه الغناءْ

باقونْ!

وقصائد الشعراء تسجنها القوافي،

باقونْ!

والحزن جمعٌ.. والجرح جمعٌ..

والصمت جمعٌ والعويل والنحيب والسكونْ

وما كسرته الريحُ يا نايَ المراثي

وما ابتلعه بطن البحر

وما التهمته الأنا

وما أمسى في عداد المفقودين وعلى ذمة الجنونْ

باقونَ! باقونَ! باقونْ!

*****

أتى الزلزال باهظاً على كل ما أملك:

مرافئ عينيكَ

بقايا أنفاسكَ على كوب الماءْ

أعنابكَ التي جففتُها زبيباً للشتاءْ

بصمات ضحكتكَ على هاتفي المحمول
مكالمة فائتة لم أسمعها
رسالة صوتية احتفظت بها
رسالة نصية زاخرة بالحُب
آخر قصيدة عشقٍ أنجبتها لك..
أي زلزال هذا الذي أشهر إفلاسي بك!

******

للبيع: ماكينة خياطة بدواعي السفر
تشدّ اللحاف على جسد البرد
ترتق جراح الضحكاتْ
تحشو جيوب الماضي بالقُبل الافتراضيّة
ترفأ ندوب الحبق على الشرفاتْ
تنسج ماءً لحفظ الوجوه القديمة
ترقّع جوارب الشتاءاتْ..
أكاد أقسم أنها نحن.

******

التذكرة سيدتي!
برررررد..
والطريق أطول عمراً مني
وأنا هرمتُ على الطرقاتْ
سأقرأ كتاباً لا أبطال فيه ولا بطولاتْ
يروي حكاية الأرض الحزينة
كلما تبرعمتْ احتطبها الحطّابون..
كتابٌ حزينٌ لا يسلّيني،
سأقرأ كتاباً عن المدافع والرشّاشاتْ
عن اليتم والجوع والضياع
عن قوارب الموت والصدور العارياتْ..
كتابٌ داكنٌ يبكيني،
سأقرأ في التاريخ عن المدن الفاضلاتْ
عن خرافة العدالة والمساواة
وشموس حقوق الإنسان المُبهجات الساطعاتْ..
خيالٌ علميٌّ لا يعنيني،

سأقرأ في الجغرافيا عن مدن يابساتْ
سقطن سهواً من ذاكرة الماء
ومُتن قطرةً قطرةً على مهل المجاعاتْ..
يؤرقني طويلاً ويشقيني،
سأقرأ في الرياضيات عن جشع الحساب
عن غرور الزائد
ونذالة الناقص
وقسوة الضرب
وجَور القِسمات
وتآمر الذكاء الاصطناعي والآلات الحاسباتْ..
يوجعني كثيراً ويدميني،
برررررد..
والطريق أطول عمراً مني
وأنا هرمتُ على الطرقاتْ.

******

دخلتُ القرن الواحد والعشرين حافيةً

أناطح جوعاً وبرداً وهجرة وهجرانا

أتقنتُ على يد الحروب

صناعة الحقائب المحشوة بالوجع

بـ «بيت للبيع بدواعي السفر»

بـ «أنا مازلت على قيد الحياة اطمئنوا»

بـ «جميع الخطوط مشغولة الرجاء إعادة الاتصال
لاحقاً»

بـ «المشترك الذي تحاولون الاتصال به مات قهراً»

بـ «أخي السائق لا أحد في انتظارك»

هكذا تكبر الحقائب

ونصغر نحن وتتقزم الأوطان.

*****

أعطاني الانتظارُ مفاتيحَ الأمل

وقال: انتظري ريثما..

قلت: وما إعراب ريثما في العربية؟

قال: ريث نائبٌ عن ظرف الزمان الذي تخلّى

قلت: وما؟

قال: نفيٌ لريث والزمان ونوّابه

قلت: يا للفخ الذي وقعت به!

سأبقى أنتظر كزيزفونة تزهر ولا تثمر

كأقراط جدتي الفضية العتيقة

كصخرة سيزيف

وغودو بيكيت

ودموع جلجامش

قال: لا خيار.. الانتظار قَدَر لا خيار.

*****

مساء الخير أيها المتعَبون

المنهكة أرواحكم من الجوع والقهر والخوف

أعلم أنكم لستم بخير

وأعلم أنكم تعلمون أني لست بخير

وأن الكرة الأرضية ليست بخير

ولكني أمارس آداب التحية

لأشعر أننا ما زلنا على قيد الحياة.

******

التذكرة سيدتي!

برررررد..

والقطار يعرج على شفة الطريق

المقصورة الثانية..

الطابق السفلي

المقعد العاشر تحت الصفر

أزدحم بفراغ أفكاري

يضيق المكان بها وبي

سأحذف حروف الجر منها

لأخفّف من حمولة القطار وحمولة رأسي

ولكن من سيجرّ المفردات لأفكاري؟

حسناً، سأُبقي على الجارّ المجرور

وأحذف إشارات التعجّب والاستفهام،

ولكن من سيستفهم عما يجري ومن سيتعجّب؟

حسناً، سأُبقي على التعجّب والاستفهام

وأحذف علامات التشكيلْ

ولكن كيف سأعرف مَن الظالم ومَن المظلوم

ومَن القاتل ومَن القتيلْ؟

حسناً، سأبقي على علامات التشكيلْ

وأحذف أفكاري وأحتضن الفراغ وأستقيلْ.

******

لو أنك مررتَ من هنا

لأخبرتك عن وطنٍ مسكونٍ بالوجع

شعره أبيض

حاجباه كثيفان

عيناه خافتتان

لم يسرّح شعره منذ سنواتْ

لم يحلق ذقنه منذ سنواتْ

لم يقترف العطر منذ سنوات
لم يضرب موعداً غرامياً منذ سنواتْ
لكنه ما يزال وسيماً تعشقه السيّداتْ.

******

أنا وأنت فكرة عتيقة
نَفَسٌ عميق من نارجيلة التفاح
احترقتْ بهدوء على مهل الزمن
جيوبنا مخزن لوجوه العابرين
أعوامنا أرقامْ
حروفنا أوهامْ
صمتنا مسافاتْ
وأرضنا مطويّة على جوعٍ وعطش..
أنا وأنت بقايا ضحكاتْ
أنفاس عالقاتْ
خليط من غضبٍ وسَكينةٍ وإلحادٍ وصلاة
مقعد فارغ مسكون بلعنة الخوف والانتظار

قاسِمْني تعبي أيها المثقل بالتعب

وحيدةٌ أنا بكَ كمستثنى بإلّا

كنصٍّ سرّي لا يقوى على ترجمته أحد

قاسمني وجعي أيها المعتّق بالوجع!

******

ترددتُ كثيراً قبل أن أخبركَ

أن المقابر أصبحت جماعيّة

كي لا يشعر الموتى بوحشة القبور

وأن القتل أصبح جماعيّاً

كي لا يحزن الأحياءُ على فراق أحبتهم

وأن الجوع أصبح جماعيّاً

كي يؤمن الجميعُ بعدالة المجاعات

وأنني أغبطكَ لأنك رحلت مفرداً

في زمن الرحيل الجماعيّ وقوارب الموت.

******

عندي هوايات كثيرة:

هواية التحديق في تقاطيع وجهكَ الغائب،

هواية جمع حبّات الزيتون حول ضريح جدّي،

هواية شرب الماء المثلّج قبل التوغل في نوبة بكاء،

هواية التنفس بقوة كي لا أنسى طعم الهواء،

هواية جمع طوابع لا أوطان لها

وهواية البقاء على قيد الحياة

في زمن الموت المجاني.

******

صباح الخير أيها العالم المتّشح بالدم..

بمقابر الأشلاء المختلطة وعظام الموت،

صباح الخير أيها العالم

المستيقظ على مهل فنجان قهوته السمراءْ

وقطعة حلوى ومكعب سكّر وكأس ماءْ،

صباح الخير أيها العالم

الناهض من سريره الدافئ وأحضان من يحب،

صباح الخير أيها العالم

المستحمّ بالماء الدافئ ورغوة الصابون

كي يبدو أجمل وأرقى وأنظف،

صباح الخير لربطات العنق الأنيقاتْ

وأزرار القمصان الملوناتْ

وأحذية الخطوات الملمّعاتْ،

صباح الخير أيها العالم المليء بالتناقضاتْ.

******

يا لوحشة المكان في غياب عينيكَ!

يا لرائحة الذبول المستحيلة

وخيبات أحمر الشفاه

وأوجاع الفساتين الجميلة!

لو أنكَ هنا لأخبرتك

عن رسائل جدي لجدتي الأميّة النبيلة

عن التين المجفّف على أسطحة الخريف

وطقوس عصافير القبيلة،

لو أنك هنا لأخبرتك عن أنفاس الحبق

وعن آخر رشة عطر على عنق القصيدة الطويلة،

لو أنكَ هنا لأخبرتك أن العالم كله بخير

وأن الشيطان يكمن في التفاصيل القليلة،

لو أنكَ هنا..

******

نادتني الجبالُ أن احملي جدران المنازل

مُتّكايَ إن جاء الشتاءُ بخيمة

لا باب يُدقّ.. لا نوافذ

ها هنا تَعِبَ الطريق

إني ضئيلةٌ والكون بخيل

راحتاي جوع ناحل وعيناي خريفْ

وذي الأرض لي قُحولٌ

وذا البحر لي يباسٌ

فانهضي يا قامة الملح

ضيّقٌ جسدي على شهيد الرغيفْ.

******

نوبة غضب..

خطوة.. خطوتان.. ثلاث..

على أبواب الجنون

أدقّ نعلي نحوكَ فوق تضاريس العطش،

في أي خلاءٍ أنتَ،

وفي أي صندوق بريد؟

يا اسمكَ الذي أهديتَ طوابعه للريح

يا اسمي الذي أكمل المنفى

عن عمر يناهز الحريقْ

وقامتي سقفٌ من طينِ الخيبات يهوي

متعبةٌ أنا كالكوخ القديم

مرقّعةٌ أنا كالثوب العتيقْ

رقعة منكَ ورقعة مني
ورقعة على أرصفة الطريقْ.

******

تَرددتُ كثيراً قبل أن أخبركَ
أن المدينة أقفلت روحَها على كيس الطحينْ
وأن الذلّ أكل جبينها العالي الرصينْ
فإن فتشتَ عني حيث يطوينا السقوط
لستُ وحديَ المنسيّة
ولستُ وحديَ المنفيّة
ولست وحديَ القصيدة الممحيّة
كل الطيور تكسرت جنحانُها
واستُنْقِعت أحلامُها
في أقفاصٍ تدّعي الحريّة.

******

بقايا نهر
وقصيدةٌ تتكاثر مفرداتُها بالخيباتْ

لو أنكَ هنا لأخبرتكَ كيف نجوتُ من ملامحي

من شامتي السوداءْ

ونقطة التقاء حاجبيّ بالسماءْ،

لو أنكَ هنا لأخبرتكَ عن رهبة الحقائب

عن احتباس الفِراق وأوجاع المسافاتْ،

لو أنكَ هنا لأخبرتكَ عني

عن أنا التي ما عدتُ أعرفني

وما عادت تعرفني الحكاياتْ

أنا المقفرة اليباب

«عندما أكبر سأصبح نسراً»،

هكذا كنت أقول..

لا بطولة يا صغيرتي في الانتظاراتْ

احزمي جناحيكَ وارحلي

بلّلي نعليكِ العتيقين بالأمنياتْ

كي لا يخذلك الحذاءُ على أسفلت الطرقاتْ.

*****

سبع أرواح مدبّبات للخوف والهزيمة

هكذا تبدأ حكاياتنا وهكذا لا تنتهي

ثقيلة كصخرة سيزيف..

مستحيلة كخرافة العنقاء،

كيف وصلنا إلى قاع الجرح؟

وكم لبثنا؟ دهراً أم بعض دهر!؟

أم ترانا ما أتينا؟

الخوف.. الخوف.. الخوف

آه منكِ يا لعنة الخوف الأزليّة!

******

لا شيء ينجو من حريق الاختلاف

عند عتبة النيران يخلعون عقولهم

ويستمتعون بالحفاء

ينجبون البغضاء باسم الاختلاف

يطلّون من وهم عليائهم ويزهون بالانتصار

وباسم الاختلاف يصفّقون ويهتفونْ

وباسم الاختلاف يَستضعفون ويُستضعفونْ

يُقسّمون ويُقتسَمونْ

يَقهرون ويُقهرونْ

ويشيّدون النصب التذكارية ويمجّدونْ

وباسم الاختلاف يَقتلون ويُقتلونْ

والكل يُقتل..

الكل يُقتل: قتلةٌ ومقتولون

باسم الاختلاف.

*****

التذكرة سيدتي!

امهلني يا سيدي قليلا

إني المواسم الصُّفر

والشبابيك المخلّعة

وخيمة المساءات الثقيلة

يا دمي وهّاجاً على خصر الحروب

ما كنتَ يوماً كمثل اليوم رخيصاً وذليلا

أكاد أقسم أني رأيتكَ نافورةً

تخرج من عيون البائسينْ

من شقوق الماء على وجه القمر الحزينْ

من أنفاس الضمائر المنفصلة

وأفواه المُرابين الضليلة

كم أحتاج إلى أحد يفسّر رؤياي

أو يرقيني حتى لا تجد الكوابيس إلى رقادي سبيلا.

✶✶✶✶✶✶

التذكرة سيدتي!

الجوع أشدّ فتكاً من البندقيّة

من محاسن موتانا أنهم لا يجوعون

أما أولئك الذين يقترفون الحياة

فحسبهم من اللغة حروف بلا نقاط

وحسبهم من الصُحف عناوينها الرئيسيّة

وحسبهم من الشعراء قصيدة طويلة

ومن القطارات السريعة وجهات منسيّة،

بررررررد... بررررد.

صدر للكاتبة

- ظلال الماضي (شعر بالإنجليزية).
  دمشق: دار الفكر.
- البجعة البكماء (شعر بالإنجليزية).
  دمشق: دار طلاس.
- تسونامي وعروس البحر (شعر بالإنجليزية).
  دمشق: دار طلاس.
- جوف الليل (شعر بالعربية).
  دمشق: دار البشائر.
- الرجل ذلك المخلوق المُشفّر (شعر بالعربية).
  دمشق: دار طلاس.
- أحبكَ ولكنني (شعر بالعربية). بيروت:
  دار الفارابي.
- أوشوش نفسي وأهرهر قلقي (شعر بالعربية).
  بيروت: دار الفارابي.
- أتجاذب معكَ أطراف الحريق (شعر بالعربية).
  دمشق: دار نينوى.
- سكينة ابنة الناطور (رواية بالعربية).
  بيروت: دار الفارابي.
- سأشرب قهوتي في البرازيل (رواية بالعربية).
  بيروت: دار الفارابي.
- أكمليني يا نائلة (رواية بالعربية).
  بيروت: دار الفارابي.
- **جوريا داماسكينا (رواية بالعربية).**
  واشنطن: دار خياط.

KHAYAT®

PUBLISHING HOUSE

Washington, DC
United States

www.khayatpublishing.com